Pour [illegible] 4

Avec [illegible]

notre [illegible]

notre amitié

Vessy le 30 juillet 1987

Brigitte [illegible] Paul

Will see you on the slopes of Megève or Whistler

Carol Wright Rob.

For our northern neighbors and friends
who have been wonderful colleagues.
Latenight – in the Green Room
always before midnight
memories never die.
Best of luck,
Susan & Mike Samuels.

Mariko (萬里子) Girard
I'll remember very often
those days of Paris.

... and I will always
remember the stories
about these days in Paris.
Pierre-Louis.

Dear Ruth & Alan, it was
a tremendous pleasure
knowing you and working
with you! Best of luck George

Hope we can keep
up our friendship
Big kiss
Monika

Village du temps retrouvé

Village du temps retrouvé

Photographies

Agathe Coutemoine
1867-1931

Texte:
Constance RAMEAUX
Avec la collaboration de
Jean-François BALLEREAU

Préface de Bernard Clavel

Chêne

A « l'Agathe », bien sûr, qui aurait tant aimé voir imprimées ses photographies d'actualité.

Et puis aussi à Anaïs et Yohan, ses arrière-arrière-petits-neveux qui, à l'aube du XXIe siècle, pourront feuilleter avec émotion ces images du passé.

REMERCIEMENTS

Que soient ici remerciés tous ceux qui, par amour de la Franche-Comté ou d'une époque oubliée, ont aidé à l'élaboration de cet ouvrage: Jean Buzzoni, Georges Faivre, André Gruyer, Jean-Marie Guinchard, François Leng, M. et Mme Perron, André Poignand, Monique et Narcisse Putod, Martine Verrière-Cuvillier...

... et, plus familialement, Yves Rameaux et Renaud Bellemère, pour leur précieuse assistance technique.

Préface de Bernard Clavel

LE SOUVENIR DU BONHEUR

C'était il y a déjà plus de deux guerres. Et pourtant, c'était hier.
Un autre temps. Un autre monde.
Deux fossés plus larges que des fleuves nous en séparent. Ils roulent les larmes, la souffrance et la mort des êtres que nous retrouvons ici, bien vivants, souriant au bonheur qui ouvre son infini devant eux. Un bonheur à la mesure de leur vaste appétit.
C'est à dessein que j'emploie le présent pour parler de notre temps et du leur puisqu'il s'agit, dans cet ouvrage, de l'immobilisation de l'instant. C'est-à-dire de fixer à jamais ce qui va se perdre. Fixer la vie pour qu'elle demeure par-delà la mort, pour que se perpétuent des moments qui ne reviendront jamais.
Mais savons-nous scruter les visages et déchiffrer les messages ?
La photographie avait déjà accompli bien des progrès au moment où éclata la grande boucherie de quatorze. Les revues et les livres allaient nous en brosser un terrible portrait. Travail inutile puisque nulle leçon ne serait tirée de ces années atroces. Alors, que pouvons-nous attendre des heures de bonheur qui ont immédiatement précédé ce temps ?
Je suis né quelques années seulement après la fin de l'orage, mais il me semble que je rentre chez moi lorsque je feuillette les photographies de Mademoiselle Agathe. C'est que je retrouve en elles, bien vivants et tout chauds d'amitié, les souvenirs qu'évoquaient mes parents et leurs amis. C'était ce qu'ils appelaient « le bon vieux temps ». Nous sommes-nous assez moqué d'eux et de leur nostalgie ? Avons-nous assez combattu pour tuer ce temps ? Avons-nous assez rêvé de changer la vie ?
Certes, les horaires de travail sont devenus plus humains, les salaires et ce que l'on nomme le niveau de vie ont grimpé, les maisons ont gagné en confort ce qu'elles ont perdu en chaleur humaine, les machines accomplissent bien des corvées pénibles. On n'en finirait pas de dresser la liste des « améliorations », mais ce qui me frappe lorsque je contemple les visages des contemporains de Mademoiselle Agathe, c'est leur sérénité.
Les sourires expriment une joie profonde d'exister, les attitudes témoignent d'un calme que je ne retrouve guère aujourd'hui. Ces gens-là avaient le temps.
La plupart d'entre les hommes que nous découvrons au champ ou à la maison n'avaient jamais couru. Ils avançaient au pas tranquille de leurs chevaux et de leurs bœufs et parvenaient au même terme que nous. Sans s'essouffler.
La guerre allait venir qui les forcerait à galoper éperdument sous des averses d'acier. La guerre qui illustrerait à merveille ce que répète si souvent Tringlot (1) : « La mort rattrape déjà ceux qui courent. »
Grâce à ces photographies, nous nous retrouvons en prise directe avec une époque qui ne se situe qu'à la distance d'une vie d'homme et qui, pourtant, a vu le monde bondir d'un coup du pas du laboureur à la vitesse supersonique, de la guerre de tranchée à celle des étoiles.
C'est ce que l'on est convenu d'appeler le Progrès. Qu'il faut écrire avec une majuscule puisqu'il s'agit d'une divinité. Joli Dieu, en vérité, qui nous pousse vers la fin de l'espèce, vers le feu d'artifice qui nous détruira, notre planète et nous. Nos pères avaient raison qui redoutaient le moteur comme les Gaulois la foudre. C'est en inventant la vitesse et en acceptant de lui confier son destin que l'homme s'est perdu. Même s'il se refuse à l'admettre, il le sait aujourd'hui que lui apparaît clairement le but épouvantable de sa course folle.
Ainsi s'explique sa nostalgie. Car nous aimons passionnément fouiller les archives. Nous flairons à nous en saouler la poussière du passé. Nous regardons avec envie les images d'antan.
Mais qu'on ne s'y méprenne pas : Mademoiselle Agathe était une femme moderne. Sans doute regardée à l'époque comme un petit peu excentrique. Car la photographie fait partie de notre ère de vitesse. Elle paraît se retourner sur le passé, en réalité elle lorgne vers l'avenir. Elle en est déjà sans doute au 25e de seconde, ce qui, pour les bûcherons que contemple son petit œil rond, est proprement vertigineux. Bientôt elle va donner naissance aux images mouvantes. Elle pourra suivre dans leur course ceux-là mêmes que son temps expédiera à la mort.
Mademoiselle Agathe ne sait pas qu'elle appartient aux temps futurs. Elle fixe le sien par amour pour lui. Elle est loin de se douter qu'elle va nous laisser un portrait de sentiment qui nous fera parfois monter les larmes au yeux. Elle immortalise non seulement des humains mais également une terre tout comme eux condamnée.
Je ne retourne guère en mon

pays comtois et j'en suis souvent triste. J'y vais seulement, de loin en loin, pour une visite à un cimetière où dorment les êtres à qui je dois de me sentir si proche du temps d'avant quatorze. Parce qu'elle est ma terre, la Comté me paraît beaucoup plus douloureusement blessée par le progrès que toute autre province. C'est ce qui provoque ma peur. Je redoute de m'y rendre et de ne plus la reconnaître. Sans doute est-ce pour cela que je suis bouleversé de la retrouver ici.

Lorsque, par exemple, je contemple les chaumières, je me retrouve enfant devant celles qui bordaient encore quelques sabotées de la route de Dole à Lons-le-Saunier. Je les ai vues s'incliner lentement, poussées par la charge irrésistible des années mortes. Elles sont restées là longtemps, comme pour nous rappeler que nous venions de quitter un monde pour entrer dans un autre.

Certes, j'aurais sans doute autant de mal à retourner à la plume d'oie qu'en éprouverait le boulanger à reprendre le pétrissage à bras, il n'empêche que les gens des villes font la queue pour acheter du pain sur levain cuit au bois. En dépit de tout ce qu'il nous a offert, le progrès a tué un certain art de vivre, un sens du beau et du naturel qui nous manque. En un mot il a détruit une humanité profonde et vraie qu'engendraient l'intimité et le silence.

Une image de ce livre nous montre une locomotive tirant à travers les immensités neigeuses des wagons où les voyageurs s'assemblaient autour d'un poêle à bois. Les voitures étaient des lieux de rencontre. Si la rançon du TGV et du Concorde est la bombe à neutrons, je n'hésite pas à dire que notre bonheur est resté enfermé dans les wagons de jadis à l'heure où ils emportaient des millions d'enfants, de femmes et d'hommes vers les chambres à gaz des camps d'extermination.

Aux crimes comptables, palpables et sans doute encore possibles à dominer que constituaient les guerres d'antan, ont succédé ce que Eichmann appelait très justement des statistiques.

Ces wagons, dont Mademoiselle Agathe nous laisse une vision imprégnée de poésie, ont emporté la joie. Ils avaient déjà servi en quatorze à arracher à leurs mères des enfants de vingt ans condamnés par la folie du temps, ils ont achevé leur œuvre trente ans plus tard. Ils symbolisent assez bien ce que la terrible accélération du monde comporte de dangers. D'ailleurs, les machines ultramodernes qui les ont remplacés ne vont plus dans les petites gares. Depuis que la notion de rentabilité a remplacé celle de service public, les campagnes sont veuves de train. Les vieillards et les pauvres restent prisonniers des solitudes. C'est également ça, le progrès. Et les gens qui en sont victimes regarderont aussi ces photographies en déclarant: « C'était le bon temps. »

« On n'arrête pas le progrès » est une formule ridicule. Une de ces âneries sans cesse reprises par ceux qui ne mesurent jamais les conséquences de ce qu'ils disent. C'est un parapluie crevé sous lequel tentent de s'abriter ceux qui préfèrent courber le dos plutôt que de tout faire pour éviter les coups. Il est bien évident que nul ne saurait arrêter le rocher qui roule, mais qui plaindra le carrier assez niais pour aller se placer sur la trajectoire du bloc détaché de la falaise par sa propre mine? C'est ce que nous avons fait en poussant l'aventure scientifique à ses conséquences extrêmes. Aujourd'hui, j'ai grand-peur que nous n'ayons plus la possibilité de nous garer. Alors, il ne nous reste plus qu'à nous approcher du désastre en contemplant des images d'un bonheur que nous n'avons pas su préserver. Car la peste de notre époque n'est ni le sida ni aucune autre maladie, elle est la désintégration de l'atome. Elle sera demain une découverte pire encore. Une diabolique manifestation du génie humain. Et nous mourrons de n'avoir pas su endiguer le mal.

Lorsque je contemple ces hommes si fiers de se faire photographier avec, en main, leurs outils de travail, je sens monter en moi une immense émotion. Ils ont peiné pour nous laisser des voitures, des roues, des charpentes, des murs de belle pierre, des meubles amoureusement sculptés, mille et mille objets que nous avons trop longtemps dédaignés. Des objets à la dimension de l'homme.

Alors que nous submergent des montagnes d'objets - jets destinés à mourir aussitôt nés, la plus modeste cuillère en bois usée et fendue, le moindre bol ébréché, la bassine de cuivre cabossée ou crevée, le banc à traire pourri par la bouse, le tabouret boiteux et la table de ferme toute marquée par les fonds de marmites sont vendus à prix d'or par les marchands des villes. Le passé n'a plus de prix. Les chineurs l'échangent contre d'horribles meubles en contre-plaqué. Certaines demeures d'hommes de science et de progrès en sont plus bourrées que des musées. La bouillotte de grand-mère côtoie l'ordinateur sur lequel on calcule qu'il faudra (on n'emploie plus le conditionnel mais un futur très assuré) moins de trois minutes pour qu'un pays comme la France soit anéanti à cent pour cent. Durant ces trois minutes, l'artilleur enterré au plateau d'Albion ou le sous-marinier embusqué au fond de l'océan expédieront leur réplique. Après quoi ils pourront expirer à leur tour en demandant:

« Mort, où est ta victoire? »

La planète, si elle a résisté, sera un astre à jamais privé de vie. Dans quelques millénaires, des êtres venus d'une galaxie pas plus sage s'y poseront. S'ils nous ressemblent, s'ils ont comme nous des yeux pour voir, je les imagine descendant au fond d'un abri et découvrant sous la poussière des photographies comme celles de Mademoiselle Agathe. Hochant la tête ils seront peut-être tentés de murmurer:

« Ceux-là n'avaient su conserver que le souvenir du bonheur. »

Bernard Clavel,
Montréal-Lyon, mars 1987

---

(1) L'Iris de Suse, *Jean Giono, Gallimard.*

Il était une fois un grenier

C'est que l'histoire de « l'Agathe » commence un peu à la manière d'un conte de fées...
Il était une fois... un grenier, un de ces merveilleux greniers qu'on n'ose même plus imaginer: celui que décident d'explorer, à l'occasion de leur emménagement dans une vieille maison de famille, les arrière-petits-neveux d'Agathe Coutemoine, une aïeule oubliée. Sous un indescriptible bric-à-brac accumulé au fil des générations, la surface poussiéreuse d'un large coffre en bois suspend, l'espace d'un instant, toutes les respirations. Que peut bien renfermer cette mystérieuse boîte noire ?... Renaud imagine de grands livres illustrés, Mimi les billets d'amour de deux amants depuis longtemps séparés, Valérie les dentelles compliquées d'un fin voile d'épousée, Jean-François un fier faisceau d'armes rouillées. « C'est peut-être un trésor ! » avance Anaïs avant de soulever le large couvercle. Et la malle s'ouvre sur son imprévisible contenu: plusieurs centaines de boîtes rectangulaires, dans lesquelles s'empile une incroyable collection de négatifs sur verre. Mais pourquoi observer ces clichés au milieu des toiles d'araignées, à la lueur tremblotante de la bougie d'un chandelier ?
C'est dans un labo-photo improvisé et dans le frémissement du révélateur que commence, image après image, l'émouvante reconstitution du puzzle d'un autre temps.

Bien que soigneusement archivés, tous les clichés ont été comme malicieusement mêlés, un négatif sur verre 13×18 remontant à la fin du siècle dernier flirtant avec une plaque stéréo des années 20, véritable pêle-mêle d'une vie photographique sous la Troisième République.
Et voilà que la vie du village se met lentement en place, au gré du Ciel et des travaux saisonniers: défilent les gens, les lieux, les occupations et les métiers, les traditions et les coutumes oubliées, dans l'ordre fantaisiste que le photographe leur a donné, méprisant la chronologie des années pour lui préférer le rythme des étés.

Force des images, magie du geste, présence des visages. Ampleur de cette immense fresque-reportage et frénésie d'archivage de ces photographies d'actualité qui, aujourd'hui, sont devenues de simples images du passé: fragment de l'histoire de Vers-en-Montagne, modeste petit bourg des plateaux jurassiens, reconstitution d'un pan de la vie d'un village de France parmi tant d'autres, au tournant du siècle.

L'œuvre aurait tendance à faire oublier son créateur, si de minutieuses recherches n'avaient abouti à la découverte d'une magistrale personnalité. Au «pays» et dans les villages voisins, les anciens se souviennent encore de «l'Agathe», une vieille fille un peu braque qui partageait ses moments de loisirs entre l'apiculture et la photographie. Portraitiste par obligation — tous les villageois de la région défilaient devant ses objectifs! —, Agathe Coutemoine avait plutôt le goût des scènes de genre. C'est donc la vie quotidienne de son plateau jurassien qu'elle s'appliqua à dépeindre avec un sens remarquable de la composition et de la théâtralité, promenant son attirail de ruelle en sillon, à pied ou en voiture à cheval. Avec amour, humour, et un brin de folie aussi, celui qui permet d'éviter la sécheresse documentaire. Avec, enfin, l'étonnement et la naïveté des grands inconscients de l'ethnologie devant un espace neuf et pourtant quotidien pour eux, et disparu aujourd'hui.

Par son ampleur et sa qualité, l'œuvre de «l'Agathe» méritait de sortir de l'oubli: elle fait partie de notre ruralité.

C.R.
Vannoz,
printemps 1987

□ Dans l'aile d'un vieux grenier, sous le couvercle d'une grosse malle oubliée, la découverte d'une vie de clichés, tels que la photographe les avait archivés...

Photo Yves Rameaux.

□ En répandant l'habitude de voyager, en diffusant les nouvelles façons de se vêtir, de manger et même de parler, en divulguant les journaux et les idées neuves, le chemin de fer influe largement sur les mœurs... même s'il continue à inquiéter certains anciens: «Les accidents de voiture [à cheval] neuf fois sur dix ne tirent pas à conséquence, on s'en sort avec des contusions, tandis que dans les trains, on se tue sans rémission»... (N. Magnin). Mais il y a beau temps que les habitués des «grandes lignes» ne prêtent plus guère l'oreille à ces prophéties pessimistes, et préfèrent écouter la voix claironnante du chef de gare: «Vers-en-Montagne! Les voyageurs pour Champagnole en voiture!...»

Le printemps

Le printemps c'est en patois « lou proemètan », le premier temps. Ce qui ne veut pas toujours dire le beau temps! Sur les plateaux, le printemps est généralement bref et pluvieux, ce qui, bon gré mal gré, a conduit nos anciens Comtois à se faire une raison et à répandre le dicton « Jamais pluie de printemps n'a été mauvais temps. »

Ainsi le mois de mars est-il toujours celui des gelées tardives, et qu'importe si, dans « le Haut », les « petites fleurs qui font le beau temps » sommeillent encore souvent sous un épais linceul blanc, puisque « la neige de mars est chargée de soleil »! Sauf bien sûr en altitude, où le tendre feuillage des foyards se fera parfois désirer jusqu'en juin, c'est avec avril qu'apparaissent généralement les premiers vrais bourgeons. (En Comté, le jour de Pâques fut d'ailleurs considéré comme le premier jour de l'année jusqu'au milieu du XVIe siècle.) La véritable explosion de la végétation est pourtant réservée au mois de mai, « le mois qui fait et qui défait », le mois de l'espoir et le mois du renouveau. Sur les pentes boisées, entre les sombres silhouettes des épicéas, les taches légères des feuillus ont viré du lie-de-vin au vert tendre; dans les prés, les pissenlits, si réservés en soirée, déroulent au grand jour leurs éclatants tapis d'or jaune: c'est le printemps!

Avec la disparition des dernières plaques de neige, les hommes délaissent leurs occupations hivernales pour se consacrer à celles de la saison nouvelle: on taille la vigne « dans le Bas » et, partout, on procède aux semailles en attendant de pouvoir dire à la Pentecôte (qui le plus souvent tombait en mai): « Pentecôte, trousse ta cotte et va-t'en aux fraises rouges. Si tu n'en trouves pas, va voir si les blés sont épiés, s'ils ne le sont pas va-t'en pleurer au coin du feu »...

Illustrer ce printemps jurassien court et capricieux en puisant dans la photothèque de l'Agathe ne laissait que l'embarras du choix! Ce sont les premières sorties, premières longues excursions jusqu'au tonnerre des chutes du Hérisson (p. 13), spectaculaires rideaux de neige fondue en ce début de saison, et desquels on doit se tenir prudemment éloigné si on ne veut pas se faire rincer par le fin brouillard qui les nimbe! Ce sont les premières rêveries le long des rives du bel Angillon (p. 14), autrefois foyer de druidisme, et hier encore le pays des superstitions et des vieilles légendes... (Qui sait si, le crépuscule venu, on ne va pas croiser la Vouivre, avec son œil unique au milieu du front, fabuleuse escarboucle « plus précieuse que tous les diamants de la couronne de France », et dont il ne faut surtout pas avoir l'audace de tenter de s'emparer...). Ce sont encore les premières distractions de saison, « parties de pêche » sans prétention (p. 15) ou rondes effrenées des jeunes filles (p. 17). Laquelle de ces écolières, bientôt parée d'une couronne de fleurs, sera la « reine de mai »? Ce sont aussi les visites de famille un peu négligées durant les mois froids, la virée chez les parents de Gilley dans le Doubs (p. 18), le déjeuner à Morteau chez Élysée, avec qui on peut « parler photo », l'après-midi « dans le Bas » parmi les cousins de Desnes (pp. 22-23) qu'on a photographiés « à leur machine, en bicyclette ils sont très bien »... Ce sont les travaux de réfection de la toiture familiale à Vers (p. 24), indispensables après les dommages de l'hiver... Ce sont encore tant de témoignages de la vie rurale, comme le passage du marchand ambu-

LETTRE A AGATHE

Morteau, le 4 juin 1921

Celui qui écrit désirerait bien te voir à Morteau, et nous irons faire de la photo avec le nouvel appareil Boulingrin, sorti de ses ateliers. Le père Poilu réclame les photos de sa maison. Quand viens-tu ? (Courrier d'Élysée à sa sœur Agathe.)

□ Passionné lui aussi de prises de vues, Élysée Coutemoine se plaisait à surnommer sa sœur « Caquet », du nom d'un appareil photographique de l'époque.

lant et de sa petite voiture tirée par trois solides mâtins (p. 26), le départ aux champs des jeunes bergers (p. 29), qui délaissent les bancs de l'école pour aller « au cul des vaches » jusqu'au soir... Ce sont enfin les pâles rayons de soleil qui, non loin du parvis de l'église Saint-Anatoile à Salins (p. 31), commencent à attirer les femmes sur le pas des portes, la grande lessive annuelle du pensionnat Saint-Laurent (p. 32) et, déjà, la toute première promenade dominicale de « ces demoiselles » au bord du lac de Chalain (p. 33) où, à l'ombre fraîche d'un gros tilleul, on ouvre les paniers pour un déjeuner sur l'herbe, le *must* de ce début de siècle !

POISSON D'AVRIL !

Autrefois on se mettait longtemps à l'avance la cervelle à la torture pour imaginer des farces plus ou moins spirituelles à faire le premier avril. Ceux qui ne voulaient pas se donner la peine d'inventer du nouveau se bornaient à envoyer les serviteurs naïfs, les apprentis ou les enfants, chercher : « un bâton à un bout, de l'huile de fagots ou de pieds de ver, une seringue en fil de fer, la machine à faire virer le vent, le moule à anguilles [...] ou la clé des alléluias », etc. Ce dernier poisson d'avril provenait de la fréquence des alléluias chantés à l'église au temps pascal.

Aujourd'hui l'usage du poisson d'avril a notablement diminué. Il n'y a plus guère que les enfants qui cherchent à s'attraper entre eux ou bien à faire quelque farce aux passants. La plus usitée consiste à découper un petit morceau de drap en forme de rat et à le frotter d'une épaisse couche de craie. Ainsi préparé, il s'agit de l'imprimer sur le manteau noir d'une dame ou sur l'habit d'un monsieur.

Une autre plaisanterie également fort en honneur consiste à pendre aux vêtements des femmes une queue de veau ou de lapin ou quelque chiffon sale ; celui qui arrive, sans recevoir de taloches, à attacher un rat mort à la robe d'une belle dame « tient le record » du poisson d'avril.

Charles Bauquier
Les Mois
en Franche-Comté

LES TRAVAUX DE « LOU PROEMÈTAN »

Les « biau dze » (beaux jours) sont arrivés. On va labourer les « planches » (bandes de terre labourables) qui ont été « soumardées » (premier labour d'automne).
Pour « appleyi » (enjuguer), le Paul sort un « bu » (bœuf) devant l'écurie, lui place un « tsopiot » (chapeau, coussin de cuir) sur la tête et y pose une extrémité du joug qu'il attache aux cornes avec les « jointures » (grandes lanières de cuir) en faisant des « huit ». Le bœuf attend complaisamment, la tête penchée sur le côté, que son compagnon vienne, de lui-même, prendre sa place pour recevoir le joug.
Les bœufs sont « oppondus » (attelés) à la « starieu » (charrue) et s'acheminent lentement sur la « pauille » (chemin).
Le Paul les dirige à la voix : « Dia » (à gauche), « Vohuyo » (à droite), « Hue » (en avant), « Woo » (arrêtez). De temps à autre, il donne un coup de « perpignan » (fouet au manche de micocoulier) sur les croupes pour « ocudre » (activer) l'attelage. A l'entrée du champ, le laboureur prend les mancherons et la charrue avance « tout beloma » (lentement) en creusant sa « raie » (sillon) jusqu'au bout de l'« ordon » (la longueur du sillon). Si la charrue « croche » à une pierre, le Paul lance un juron bien civil : « Tsancrou ! » (chancre), ou attrape ses bœufs : « Ah ! makrot ! » (matou coureur, d'où homme de mauvaises mœurs, rien à voir avec le poisson).
Quelques jours après, on « tsoplai » (casse) les mottes avec la « bêcheuse », la « mécanique » ou le « foichou » (la pioche), et on « vo vouaugni » (on va semer). C'est un travail très délicat, il faut que le grain soit bien réparti : sans excédent, et surtout sans lacunes. Ensuite on « vo artsi » (on va herser). Quand la céréale « tresit » (lève), on passe le « rebotot » (rouleau, cylindre d'un seul bloc de pierre) pour « resserrer » la terre.
Sur les planches d'herbe on passe le « rabot », pour « epaintsi » (éparpiller) les « mouti » (taupinières).

Jean Lamy
Andelot, histoire de mon village

□ *Page 13:* Des dames qui ont vraiment mérité de contempler le grandiose château d'eau formé par la cascade de l'Éventail, dans les gorges du Hérisson. Pas de sweat-shirt, de jeans ou de tennis, et encore moins de sentier aménagé et balisé! On s'armait d'un bâton, on retroussait ses jupons et on progressait sous bois, en prenant bien garde de ne pas accrocher la plume ou les fleurs de son chapeau aux branches basses. En haut de la pente, on était payé de sa peine.

□ *Page 14:* Jura des eaux vives... Les rives de l'Angillon, dans la vallée des Nans. Un lieu propice à la méditation le jour, mais à fuir la nuit! C'est là, non loin des ruines du château de la Berne, que rôde la bonne Dame verte sitôt le crépuscule, mais aussi la Dame blanche qui pourchasse les voyageurs avant de se transformer en vouivre, fabuleux serpent ailé mi-bête mi-belle, et mythe par excellence de la Franche-Comté...

□ *Ci dessus:* Quel plaisir de taquiner le goujon! L'habitant de Vers-en-Montagne n'a d'ailleurs pas à s'en priver, puisqu'une charte remontant au Moyen Age accorde aux villageois le droit de pêche dans l'Angillon « de l'église de Chapois jusqu'au pont de Gratteroche »!

☐ L'Angillon toujours, le « semblant de rivière » aimablement décrit au XIXe siècle par l'écrivain comtois Sequanio, qui ajoute plus loin: «Disons le mot, c'était un ruisseau.» Ruisseau ou ruisselet, ces jeunes femmes ne sont pas du tout sûres, dans les semaines qui viennent, de pouvoir revenir poser sur le gué de l'Angillon, qui risque de grossir de façon démesurée. («La commune a été autorisée à exécuter les travaux nécessaires pour assainir la prairie, qui est très marécageuse et inondée chaque année au moment de la récolte des foins», peut-on d'ailleurs relever dans les annales du vieux Vers.)

D'apparence très naturel, ce cliché a dû en fait nécessiter un assez long temps de pose. Les modèles se pliaient-ils facilement aux désirs — ou aux instructions! — de la benjamine des filles Coutemoine, ou bien rechignaient-ils à prendre la position demandée et à demeurer immobiles? La première hypothèse doit être la bonne, car les photographes étaient alors peu nombreux, et se trouver devant un appareil équivalait presque à un privilège.

□ Nous sommes ici bien loin des cours de récréation de l'école mixte ! Une jeune fille « bien » ne sort pas sans son chaperon — gare si elle est aperçue seule en compagnie d'un garçon, sa réputation de « fille de rien » est alors vite faite ! Quant aux sorties et aux jeux en groupe, ils se déroulent bien souvent sous la houlette de dames patronnesses, qui orchestrent d'innocents divertissements auxquels elles ne dédaignent d'ailleurs pas de se mêler. Pour ce qui est des jeux collectifs, des générations de fillettes se les sont transmis jusqu'à nos jours : on s'amuse à colin-maillard, à Mère veux-tu ou encore à la marelle, qu'on dessine à la craie ou au moyen d'un éclat de plâtre sur les rares surfaces planes du village...

□ Ces commerçants du haut Doubs conservent devant l'objectif une attitude pour le moins réservée. « Comtois, têtes de bois », ils jugent sans doute, comme le veut le dicton, « qu'on ne connaît bien quelqu'un que lorsqu'on a mangé un muid de sel avec lui »... A moins qu'ils n'aient fait leur cet autre dicton : « Comtois, il ne faut s'émeiller [s'émouvoir] que quand on voit sa tête dans un panier ! »
Sur l'enseigne de leur boutique, fièrement campée à la croisée des chemins, on lit leur nom, rien de plus. Mais qu'ajouter en fait puisque chez eux, dans une odeur douceâtre d'épices et de sucreries, on vend de tout, de la chicorée à la lampe à pétrole, en passant par la bimbeloterie, le tabac ou la mercerie ?

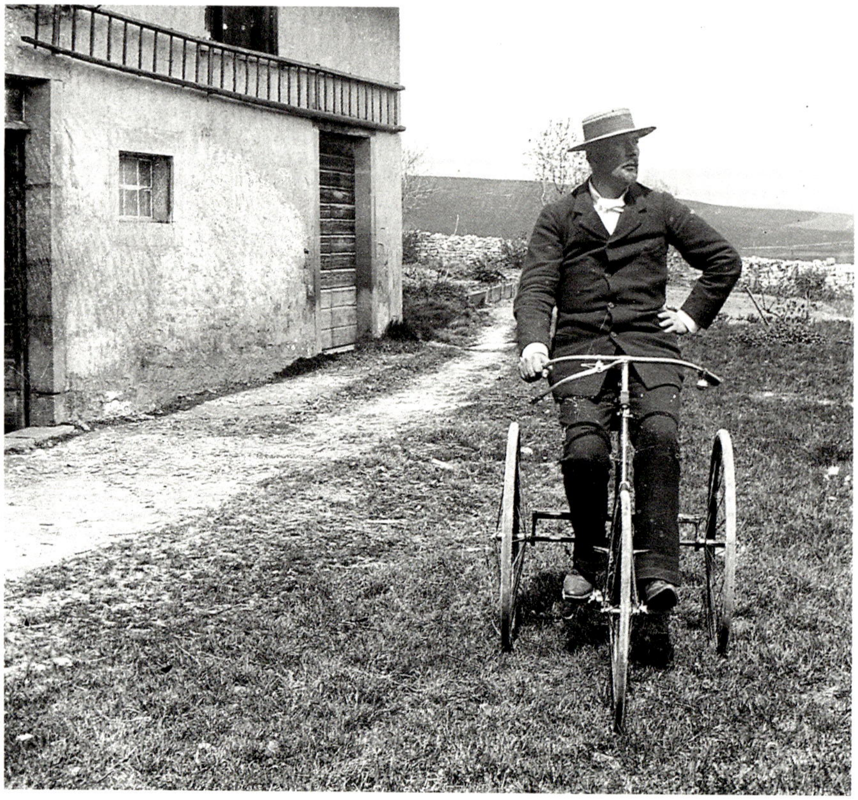

□ Ici comme ailleurs les enfants travaillent en fonction de leurs forces. Car une ferme est une ruche qui n'admet pas de frelons et, comme le conseillent les anciens en patois: «Fô pâ abituâ lâz afan à èt lou»..., en d'autres termes: «Faut pas habituer les enfants à être loups», le loup étant le symbole de l'égoïsme. Ces gamins sont-ils malheureux d'être mis à l'ouvrage, de porter en fin de matinée le cuveau de petit-lait aux porcs? Certainement non, et il est même probable qu'ils éprouvent une certaine fierté à se rendre de plus en plus utiles. Pour en juger, il n'est que d'observer le garçonnet qui se cramponne à la charge portée par ses aînés, très certainement avec la conviction de les aider à sa manière. Depuis lors tombé en désuétude, le petit sentier qui escalade la butte. La plus grande part des déplacements se fait encore à pied, et tout raccourci reste marqué par les fréquents passages.

□ Tout docteur en médecine qu'il est, ce n'est pas sans une certaine importance qu'Élysée Coutemoine — frère de l'Agathe — pose sur son tricycle devant sa maison de Morteau.
L'engin n'est pas encore — et de loin! — la «petite reine» qui va conquérir la France. Les pédales sont fixées sur le moyeu de la roue avant, le frein est rudimentaire et, sur terrain plat, il doit falloir de solides mollets pour faire avancer la «mécanique». Quant au grelot accroché au guidon, il ne manque pas d'attirer les badauds sur le pas des portes qui observent, d'un œil enthousiaste ou sceptique, ce produit du progrès.

□ La présence d'un toit de chaume sur les plateaux jurassiens, où les céréales sont tellement difficiles à cultiver, serait en droit de surprendre. Nous n'avons bien sûr pas changé de pays, mais nous sommes là dans le bas Jura, où l'économie agricole repose sur la polyculture et où l'on dispose de paille en quantité. Quant au décrochement dans la toiture, il permet de rentrer dans la grange les voitures attelées et chargées.

□ La valeur du travail et celle de la détente! On n'imaginerait pas de se faire photographier désœuvré, sans les outils qu'on utilise de longues heures par jour, mais on profite de la pause — et de la pose! — pour bourrer une pipe, rouler une cigarette ou se verser un verre de vin. Cravaté, chevelure gominée et mine altière, le fils du patron a préféré s'appuyer sur sa bicyclette que d'exhiber un instru-

ment de travail. Étroit d'épaules mais large d'esprit, il ne condescend à se mêler aux ouvriers qu'en se démarquant d'eux autant que faire se peut. Quant à la chouette barbue au fond de l'atelier, les poings sur les hanches, elle se tient manifestement à l'écart volontairement. Le vieil homme est-il blasé? Ou bien considère-t-il que le temps passé à demeurer «planté là» devant l'appareil est du temps perdu qui de-

vrait être consacré à l'ouvrage? Au village, la valeur d'un homme se mesure à son rendement.

☐ En sabots ou en bottines, chacun roule maintenant à bicyclette (nous sommes là après la Grande Guerre)... y compris le chat, juché sur l'épaule du cousin de Desnes!
Le premier cycliste, à gauche, possède à coup sûr l'engin le plus moderne, la petite reine

dernier cri — avec sonnette et freins à patins à l'avant et à l'arrière! —, telle qu'elle se vendra encore jusqu'à la fin des années trente. Quant au cycle à moteur qui menace de sortir du champ de l'objectif, avec sa longue courroie de transmission et son réservoir fixé au cadre, il doit être suffisamment bruyant pour que l'usage de la grosse corne avertisseur devienne complètement accessoire!

□ « Quand s'sétion s'éd, non n'se crève » (Quand chacun s'aide, personne ne se crève) : pour retaper la toiture de la maison Coutemoine à Vers-en-Montagne, on a requis tous les amis pour faire la chaîne et passer les tuiles au couvreur. Les générations succédant aux générations, le bâtiment a connu bien des modifications, bien des transformations. Mais si un salon a pris la place du bûcher et si un labo-photo a repoussé l'échelle (ce qui ne doit pas déplaire à l'Agathe !), le vaste toit de tuiles abrite toujours les descendants de la famille Coutemoine.
Quant au lopin de terre envahi par les herbes folles, il a d'abord été recyclé en potager, avant de devenir un jardin d'agrément, avec pelouse et massifs fleuris.
Oui, le temps a passé, et la photographe aurait été un rien stupéfaite si on lui avait prédit que bien des années plus tard une partie de son œuvre, ses négatifs sur verre et tout son matériel, seraient retrouvés sous ce toit dont elle a pris un cliché un bel après-midi, au cours de sa réfection : exactement dans le coin du grenier où se tiennent debout les deux jeunes filles en robe claire.

□ Vers-en-Montagne. Entrée du village sur la route de Salins. Un colporteur vient d'arrêter sa voiture tirée par des chiens. Il s'agit sans doute d'un de ces Italiens comme il en passe souvent en ce début de siècle, et qui proposent aux chalands des articles aussi divers que des images pieuses et des aiguilles, des colifichets et des almanachs.
A l'époque de la naissance d'Agathe Coutemoine, le village comptait près de quatre cents habitants. Y exerçaient deux épiciers, deux charrons, un cordonnier, deux aubergistes, un maréchal-ferrant, deux bouchers et un sabotier. Aujourd'hui, Vers a perdu la moitié de ses habitants, sa dernière épicerie a récemment fermé ses portes, et n'y ont plus guère pignon sur rue qu'un restaurateur, un

brocanteur, un chauffagiste, deux garagistes et... un informaticien!

□ Nous sommes dans le Doubs, à la sortie de Morteau. Quasi disparu de Franche-Comté, l'âne était encore couramment utilisé au début du siècle, par exemple bâté pour porter le lait à la fruitière, ou même monté, comme ici par ce jeune garçon, pour effectuer certains déplacements. Il était en quelque sorte le cheval du pauvre et, çà et là, les anciens se plaisent à rapporter nombre d'anecdotes dont il fut le héros. Ainsi certains Versois se souviennent toujours de l'« âne à Martin », qui savait monter, mais surtout descendre les escaliers, et qui termina sa carrière... en saucisson. Comme la plupart de ses congénères...

□ Les écoliers portaient uniformément le tablier noir, la culotte s'arrêtant au-dessus du genou, les hautes chaussettes de grosse laine et, sur la tête, le grand béret basque: la «tarte». En hiver, pas de vêtements fourrés mais une pèlerine de drap noir. Ils n'étaient pas dorlotés, nos grands-pères! Et à l'école, gare à la baguette!

La consécration du savoir au village, c'était le certificat d'études. Très rares étaient ceux dont l'instruction dépassait ce niveau, même si les parents rêvaient parfois, pour leurs rejetons, d'une vie différente: «Ils seront plus heureux, se plaisaient-ils à répéter, étant plus instruits.»

□ « C'est le P'tit Louis ! », s'est écrié Narcisse Putod, de Vers-en-Montagne, en reconnaissant son conscrit Louis Jouhant, photographié aux environs de 1910. Dès le printemps, le Louis abandonnait l'école comme bien d'autres, et « allait berger au cul des vaches » en emportant un solide casse-croûte.
Pas de barbelés en ce temps où les champs n'étaient pas « barrés » ! La tâche du berger consistait surtout à empêcher le troupeau d'aller paître sur les terres à faucher, et cela jusque après la coupe des derniers regains qui laissait alors libre la « vaine pâture ». Et le garde-champêtre était vigilant !

☐ *Page 30:* L'ancienne route Besançon-Genève, immortalisée à la sortie de Vers en direction de Champagnole. Elle est devenue de façon plus prosaïque la D467, goudronnée, et que ne borde plus aucun arbre. Adieu l'ombre qui permettait de cheminer agréablement dès les premiers beaux jours! Quant au crêt des Fourches vers lequel file le chemin empierré, la départementale le traverse aujourd'hui dans une tranchée avant d'aborder Le Pasquier. Et bien rares sont les automobilistes qui savent, en passant là à quatre-vingt-dix kilomètres à l'heure, que ce lieu était autrefois celui où étaient dressées les sinistres « fourches patibulaires » destinées à l'exécution des criminels.

☐ *Page 31:* L'église Saint-Anatoile de Salins tient son nom d'un saint personnage au nom oriental, qui trouva le repos éternel dans « la vallée empruntée par la route de Rome », et devint très vite le protecteur de la ville. Classée monument historique, l'église est considérée comme « la plus parfaite manifestation de l'art du XIIIe siècle dans le Jura ». Elle n'est cependant devenue ce qu'elle est aujourd'hui qu'après bien des vicissitudes, puisqu'un éboulement de la colline au XVe siècle défonça son chevet et que, à plusieurs reprises, en 1336, 1469, 1699 et 1826, sa toiture fut détruite par des incendies, « sauf au-dessus du tombeau de saint Anatoile, où la charpente n'éprouva aucun dommage », prétendent certains écrits...

☐ *En haut:* A côté de ses deux grandes passions, la photographie et l'apiculture, l'Agathe avait pour occupation la direction de l'école Saint-Laurent, à Vers, qui recevait une vingtaine de pensionnaires. Inutile de préciser que la vie quotidienne de l'institution libre, où elle dispensait l'enseignement ménager, était pour la photographe un sujet permanent d'inspiration! Aujourd'hui, ces mêmes cours — ou presque! — d'enseignement ménager sont toujours suivis par une nouvelle génération de jeunes filles, en vue cette fois de leur réinsertion sociale. Mais le pensionnat a pris le nom d'Oasis, et la plupart de ses anciennes élèves reposent depuis longtemps en paix...

☐ *En bas:* La lessive. La lessive annuelle! Nous sommes toujours dans la cour de l'école Saint-Laurent, même si, pour l'occasion, les pensionnaires ont troqué leurs bottines contre des sabots et leurs seyants tabliers blancs contre d'autres, grossiers, en toile de sac. Le principal produit de lavage? L'huile de coude! Dans les baquets on a «coulé la lessive», c'est-à-dire versé le «lessus» (soude largement diluée), voire de l'eau dans laquelle on a simplement jeté les cendres du fourneau; il faut maintenant frotter et refrotter le linge sale sur la planche à laver crantée pour «décrasser», laver et relaver... A la suite de quoi on ira rincer les lourdes toiles dans l'eau claire et glacée du lavoir, près de la fontaine... sans pouvoir même imaginer la future mise au point de nos machines sophistiquées.

□ *En bas:* Les jeunes filles apprennent à repasser, à laver, mais aussi à coudre, car les vêtements « de confection » sont encore à inventer. Elles apprennent en somme leur métier de ménagère, tout en brodant leur trousseau. Un rude métier qui va les voir, une fois mariées, travailler bien plus que les hommes! C'est à elles que vont revenir des tâches aussi diverses qu'«éclairer» (allumer) le feu, traire les vaches — à la main bien sûr — deux fois par jour, entretenir le potager, cuisiner, nettoyer, récurer et... élever leurs enfants. Debout de bonne heure, elles se coucheront tard aussi, car après la «soupe» du soir et à la faible lueur d'une lampe à huile, elles auront encore à tricoter, ou à raccommoder les les vêtements de la famille pour qu'ils fassent le plus long usage possible. Ce qui sera presque pour elles un repos...

□ *En haut:* C'est jour de fête sans doute. Et l'on a profité des premiers beaux jours pour emmener «ces demoiselles» pique-niquer au bord du lac de Chalain, «cet adorable coin du monde» que Sequanio décrivait déjà avec enthousiasme au XIXe siècle. Mais sait-on que, sur la rive opposée, tout récemment (en 1904), ont été mis au jour les vestiges d'une cité lacustre datant de l'âge de la pierre polie? En arrière-plan, le château de Chalain est le centre d'un important domaine, si l'on s'en rapporte à une petite annonce parue dans *La Croix* du 9 février 1908 qui indique: «A louer, au château de Chalain par Doucier, une bonne ferme de vingt hectares.»
De nos jours, l'exploitation est devenue un complexe touristique, avec camping, pédalos et planches à voile. Quant au château, l'imprudence d'un groupe de scouts l'a mis en flammes, et les vacanciers occupent désormais leurs congés à en explorer les ruines.

L'été

« Lou chôtan », c'est le... chaud temps, l'été. Moins brûlant bien sûr qu'au sud de l'hexagone, il réserve pourtant aux Comtois ses jours de canicule, et sa température fait souvent office de baromètre pour les saisons qui vont lui succéder: « Été sec et orageux amène hiver rigoureux », disait-on, si « lou chôtan » jaunissait trop précocement le précieux fourrage des plateaux.

Et les mois s'égrènent lentement au rythme des jours les plus longs... Juin est avant tout le mois des foins, avec son cortège de dictons qui témoignent de la grande inquiétude des ruraux: « C'est le mois de juin qui fait le beau foin », « Un pré ne vaut rien qui en juin ne donne rien »... Dans « le Haut », les gentianes dont on extraira des racines la précieuse liqueur sont quasi toutes en fleur et, presque partout, s'est éteinte la voix du coucou. Mais voilà déjà juillet et son cortège d'orages, que vient vite faire oublier le chaud soleil d'été: « A la Saint-Cyrille, faut que le foin grille! » Août c'est le temps des moissons, le mois le plus lourd et le plus capricieux aussi: « Au mois d'août, le vent est fou », remarquaient les paysans.

☐ Au centre, l'homme, le mâle, l'héritier. Et les femmes autour de lui! « L'homme, c'est le neveu d'Agathe Coutemoine, Jean Rameaux, alors âgé d'une quinzaine d'années; comme en témoigne le sac qu'il porte en bandoulière », l'Agathe lui a déjà transmis son goût pour la photographie.

LETTRE A AGATHE

Morteau, le 13 septembre 1912

Mon cher Caquet,
Quand viens-tu? C'est le moment de profiter du beau temps. Apporte tes appareils à réparer, on arrangera tout cela ici. (Courrier d'Élysée à sa sœur Agathe.)

Des paysans qui n'avaient guère le loisir, tout le long de l'été, de s'arrêter bien longtemps sur les prévisions météorologiques d'antan! « Sous le ciel qui flambe, nul ne doit tirer la jambe », répétaient inlassablement les parents qui, à leurs enfants, donnaient d'ailleurs l'exemple d'une activité continue: ils ne se reposaient qu'en faisant autre chose!

Scènes de genre d'inspiration essentiellement rurale, les documents d'été archivés par la photographe témoignent bien de cette grande effervescence des campagnes. Évoquant rapidement les aimables pique-niques de la bourgeoisie locale (p. 38), l'Agathe préfère s'attarder sur le « quatre heures » d'une famille d'agriculteurs (p. 37) ou sur le déjeuner d'une demi-douzaine de faneurs (p. 52), qu'elle saisit aussi en plein labeur (p. 48 et p. 54). Transportant son matériel dans le haut Doubs, elle immortalise dans la foulée le dimanche d'une « grosse famille » de montagnons (pp. 40 à 43), dont elle tire un maître portrait devant l'énorme maison. C'est la fabrication du gruyère de Comté (pp. 44 à 46) qui aiguise ensuite son intérêt, mais il reste tant de scènes à photographier, comme la foire devant le Chalet à Vers-en-Montagne (p. 47) ou les rouages de la formidable locomobile (p. 56)! Grande excursionniste devant l'Éternel, Agathe Coutemoine braque aussi sa chambre de voyage sur les curiosités naturelles de la région, cascade du Grand Saut (p. 60) ou sapin Président (p. 61), résineux si gigantesque que, faute de recul, elle ne parviendra jamais à le photographier dans sa totalité! Évoquant les divertissements de son temps, partie de pêche, acrobaties à bicyclette, canotage (pp. 58-59) ou tour de manège sur les chevaux de bois d'un magnifique carrousel (p. 63), notre infatigable nous transporte ensuite sur les bords du lac de Genève (p. 65), délice de ses treize ans: « Je fus enchantée, car de ma vie, mon esprit n'avait pas encore pu se faire l'idée d'une telle scène », écrivait l'adolescente...

Mais adieu Genève et ses splendeurs! Il nous faut sur l'instant regagner nos modestes plateaux, où nous rappellent de plus dures réalités: c'est maintenant le moment du ramassage des « poumetares » (p. 66), qui déjà sonne le glas de l'été!

LES ÉTRENNES
DU BERGER

Le matin de cette fête (la Saint-Jean d'Été), les bergers mènent le bétail au pâturage comme un jour ordinaire, mais c'est pour le parer de fleurs. Ils font des bouquets et tressent des couronnes qu'ils placent sur la tête du bœuf ou de la vache qui conduit le troupeau [...].

Vers midi, le défilé commence. En avant, marche le bœuf qui porte la campène *(cloche), signe distinctif du conducteur, le berger suit, tenant à côté de lui le veau, et faisant claquer son fouet. Tous les habitants sortent sur leur porte pour voir passer le troupeau fleuri. Aussitôt que le bétail est rentré à l'écurie, on sert, dans chaque famille, un bon dîner au berger et on lui donne des* épingles *(étrennes) pour le récompenser des soins qu'il a eus pour les animaux.*

[...] *Dans le Jura, à Marigny, le jour de la Saint-Jean, les maîtres donnent aux bergers un franc ou un franc cinquante pour faire un bon repas. Mais il y a des* happechards *qui se refusent à dénouer les cordons de leurs bourses. Dans ce cas, le berger qui n'a rien reçu attache une bûche au cou de ses bêtes pour les empêcher d'entrer à l'écurie, il y ajoute quelquefois un bouquet de fleurs des champs. Les gens du village savent ce que cela veut dire et se moquent de la ladrerie du maître.*

Charles Bauquier
Les Mois
en Franche-Comté

LES TRAVAUX DE « LOU CHÔTAN »

Le moment des foins arrive. Le faucheur a « entsoplai » (battu) sa « seto » (faux). Il faut « seilli » (faucher) dès « la pique du dze » (l'aube) pour profiter de la rosée et de la fraîcheur. Les andains s'alignent [...]. *Le fauchage est très pénible, il faut être « foua » (fort) des reins.*

Les femmes ont apporté le panier pour « tiètè la crouate » (casser la croûte), ensuite toute la famille « retourne » et étend l'herbe pour qu'elle sèche, avec des fourches en bois dont les pointes sont armées d'onglons recourbés de chèvres. Si le temps menace, il faut « emmuler » (faire des meules) pour la nuit.

Le lendemain on « démule » et pendant toute la journée il faut encore le « reveri, bien des coo », avant qu'il soit prêt à « rentrer ». On « vo romotsi » avant de charger. Le foin est rassemblé en « maisses » (grands cordons fournis). Un homme monte sur la voiture, on lui « tsante » (tend) des fournées de foin qu'il range soigneusement: il « fait » sa voiture. Les bœufs sont impatients de revenir à l'étable, ils sont piqués par les « tavouins » (taons) et donnent des à-coups au timon [...].

Les femmes et les jeunes ratellent avec des râteaux de bois le foin que les fourches ont laissé et le traînent sans cesse près de la voiture.

Enfin, la grosse chaleur si pénible tombe un peu, on « perche » les voitures en serrant le foin avec des « cordes à foin » tirées par un tourniquet puis on les « peigne ». Le travail des champs se termine, on « appond » (attache) les voitures l'une derrière l'autre, les enfants montent en haut sur le foin et les bœufs tirent allègrement la récolte vers la ferme.

Jean Lamy
Andelot, histoire de mon village

□ Au début de ce siècle, les frontières entre les différentes classes sociales sont encore nettement marquées. Ouvriers, artistes, bourgeois et paysans appartiennent à des mondes qui ne se mêlent guère. Directrice d'école et fille d'un notaire qui assura également les fonctions de maire du village, « Mlle Coutemoine » fait pourtant exception à la règle : à la compagnie des bourgeois, elle préfère souvent celle des paysans avec lesquels « elle n'était pas fière » et à qui elle n'hésite pas à « donner la main » en cas de besoin. C'est elle qu'on voit ici debout, partageant le « quatre heures » d'une famille d'agriculteurs.

□ *En haut:* C'est Mathilde, la sœur aînée d'Agathe, qui verse à boire. En épousant sur le tard le petit comte de Pagnoz (à droite), elle entrait dans une famille de nobliaux aussi dissipée que bien-pensante, ce qui l'amenait à quitter Vers-en-Montagne et la maison familiale pour emménager à Port-Lesney dans l'actuelle résidence d'Edgar Faure! Quant aux lunettes du personnage central, elles ont certainement été fabriquées à Morbier ou à Morez d'où, selon Fraipont, «des montagnes de pince-nez, des pyramides de lunettes, des avalanches de lorgnons sortent journellement».

□ *En bas:* Élysée Coutemoine a passé l'âge «d'aller aux filles». C'est à sa femme qu'il conte fleurette! Peut-être lui susurre-t-il cette vieille mise en garde: «Ma

mie comtoise, tiens-toi coise, ou t'auras noise»?... A quoi Émilie peut lui rétorquer en patois, pour autant qu'elle le connaisse: «Doc Pari jusq'a Roum, s'o tou dâz oum» (De Paris jusqu'à Rome, c'est tous des hommes).

□ Pour la postérité! Le ridicule ne tue pas, a dû juger cette respectable famille en plaçant, pour une composition du plus bel effet pyramidal, le clergé au sommet... Heureusement que le sourire mutin de la jeune femme de gauche, qui n'a pas voulu fixer la «ligne bleue du Jura», vient apporter une touche de décontraction à ce portrait un rien guindé!

□ *Pages précédentes:* Moment de farniente en un temps où l'on ignorait encore le sens des mots «congés payés»! Ce cliché (pour le moins posé!) représentant le repos dominical d'une famille de paysans aisés du Haut-Doubs est un joli clin d'œil, et certainement une des pièces maîtresses de l'œuvre de l'Agathe.

□ *Page de gauche:* Portrait bien austère pour une bien sérieuse famille... qui a peut-être des raisons de l'être. Pour sept enfants vivants, combien sont morts en bas âge? Deux? Trois? En ce temps, pas de séjour à la maternité. Les enfants naissent dans le lit matrimonial, lit de vie et de mort, et les moyens de soigner les maladies infantiles sont quasi inexistants.
Quoi qu'il en soit, que de jolies filles! est-on tenté de s'exclamer. Mais à moins que le petit dernier soit un garçon, il n'y a pas d'héritier mâle pour reprendre la ferme... Certes, les filles se marieront, mais pas obligatoirement avec l'homme de la situation...

□ Orientée «vent» et «bise» (du nom des deux vents dominants), cette ferme comtoise en impose par ses dimensions, pourtant coutumières aux exploitations du haut Doubs. Elle est l'habitation d'un «montagnon», paysan qui vit de l'élevage dans une zone élevée à l'hiver rude et long. Aussi le bâtiment doit-il pouvoir abriter bêtes et gens ainsi qu'une importante réserve de fourrage, et permettre en même temps de circuler à l'abri durant les périodes de grand froid.
La famille est souvent une «grosse famille», comprenant le père, la mère et les enfants, mais aussi les grands-parents, un oncle, une tante, un frère ou une sœur célibataires, auxquels s'ajoutent parfois un ou plusieurs domestiques engagés à l'année, et un berger dont la tâche ne commence qu'au printemps. Ici la «famille» — la même que sur les deux clichés précédents — compte apparemment seize personnes... plus le cheval, figurant indispensable! Au rez-de-chaussée de la ferme on trouve, outre les écuries (étables), l'«outo» (la cuisine) et le «poêle» (vaste pièce, à la fois chambre et salle à manger pour les grandes occasions).
Au premier étage, ce sont les «chambres du d'sus»! Autant que le foyer, la couche de foin qui tapisse le grenier ainsi que la chaleur dégagée par les bêtes sont les «climatiseurs» de l'énorme bâtisse.

SCHLOSSEREI
ARBON SCHWEIZ

☐ *Pages précédentes:* A Lemuy comme ailleurs sur les plateaux du Jura et du Doubs, la fabrication du gruyère de Comté est l'aboutissement de toute la vie rurale. Elle permet de conserver le lait, seule production importante de la région parallèlement à l'élevage, et de constituer des réserves pour l'hiver. Activité familiale à l'origine, elle devint au XIIIe siècle une «industrie» collective: c'est en 1264 qu'on trouve la première trace, dans le haut Doubs, de la fabrication du «froumaige de fructère» (fromage de fruitière). Coopérative formée par les producteurs de lait d'un ou de plusieurs villages, la «fruitière» ou Chalet est devenue en cette fin du XIXe siècle un petit centre industriel — où tout se fait toujours à la main! — d'où l'on «exporte» déjà, vers les régions voisines et vers la capitale, le surplus de la production. Grâce au chemin de fer...

☐ *En haut:* «Le fromager est le "fruitier". Été comme hiver, se souvient Numa Magnin, il était nu-tête et en bras de chemise, les manches retroussées. Il commençait sa journée à l'aurore, écrémait le lait de la veille, mesurait celui du matin, le versait dans la chaudière, allumait le feu, mettait en présure, déjeunait, fabriquait sa pièce de gruyère et nettoyait tous ses ustensiles.»
Peu de choses ont changé depuis ce témoignage remontant au début du siècle. D'abord écrémé, le lait est versé dans une grande chaudière en cuivre, chauffé et coagulé avec de la présure; après décaillage, les grains de caillé sont brassés et chauffés à 55 °C, puis recueillis dans une toile avant d'être placés dans un moule en bois et pressés. Il faut 600 litres de lait pour fabriquer une meule (roue) de gruyère de Comté pesant 40 à 50 kilos, qu'on amène à maturation dans une cave d'affinage où elle séjourne un minimum de trois mois.

☐ *En bas:* En route vers la gare. Et les assiettes de lointains gourmets! On peut noter que les meules sont de deux dimensions différentes. S'agit-il de fromages d'été et de fromages d'hiver, plus petits, ou de roues de Comté et de Morbier, une autre délicieuse pâte cuite locale? Une chose est sûre: toutes ces meules sont intactes et aucune souris ne les a grignotées, malgré leur long séjour en cave. Bien sûr, tout fromager possède des chats... Mais des chats qui peuvent être friands de fromage! Aussi certains «fruitiers» leur liment-ils les dents, «pour qu'ils ne puissent mordre aux fromages tout en attrapant les souris» (Magnin). Précision technique de l'époque au sujet de la cave de Vers: «Bien qu'humide, la cave serait bonne au dire des fromagers, les caves trop sèches ne valant rien pour faire prendre le sel aux fromages, et par cela même, pour faire prendre du poids à ces derniers.»

☐ C'est la foire à Vers, devant le Chalet. («Ce n'est qu'une place où le bétail y est continuellement, et où on ne peut poser le pied que dans le fumier», relève-t-on dans les annales de la commune...) On présente, on vend, on achète des vaches qui n'ont pas grand-chose à voir avec les énormes montbéliardes d'aujourd'hui. Feutre noir en tête, le maquignon porte la «roullire» (blouse) qui lui évite de se salir mais aussi de se faire dérober son argent. Car, bien sûr, toute acquisition se paie en espèces après que l'affaire a été conclue au café voisin devant une tournée de Pontarlier, le Pernod local.

□ *En haut:* Précieux chargement que ce foin entassé en vrac sur la voiture ! A l'aide de râteaux, les femmes « peignent » tout ce qui dépasse et pourrait tomber en route, tandis que les hommes ajustent la « perche à foin » qui, fixée aux « fourretiers » (sortes d'échelles accrochées à l'avant et à l'arrière de la voiture), va maintenir la charge en place. Quant aux bœufs, le front couvert d'un chasse-mouches et le dos protégé des insectes par une bâche, ils vont bientôt s'arc-bouter et, cahin-caha, amener la voiture à la ferme. Là, il faudra décharger comme on a chargé : à la fourche...

□ *En bas:* Malgré l'apparition d'engins « modernes », telle cette faucheuse qu'on aperçoit à l'arrière-plan, la fenaison prend du temps. Un temps durant lequel on a la hantise de voir arriver la pluie qui peut détruire, en une averse, la récolte déjà coupée... Aussi pour limiter les dégâts « acuche »-t-on le foin, l'entasse-t-on en petites meules.
Une maladresse de l'opératrice que le flou sur les personnages et le fourrage que vient de déposer la fourche ? Oui... et non. Certes, on a dû recommander aux faneurs de rester immobiles, mais l'effet de flou était parfois recher-

ché dans un plan net afin de mettre le mouvement en évidence, comme pour le cliché des pages 54-55.

□ «Faner est la plus jolie chose du monde!» Devant ce tableau champêtre, on ne peut s'empêcher de penser à Madame de Sévigné. Car, à n'en pas douter, comme la marquise, ces dames, trop bien habillées pour «tourner le foin», tiennent un rôle: elles n'ont dû empoigner fourches et râteaux que pour prendre la pose! (Pour ce qui est de la composition, faite d'une symétrie sans exagération et d'un savant jeu de diagonales, on reconnaît la «patte» de l'Agathe.)
Les travaux des champs n'ont cependant rien de la douce plaisanterie. Selon le dicton, ils sont «l'enfer des chevaux et le purgatoire des hommes» et, si le dire populaire rajoute: «... et le paradis des femmes», ce propos gaillard masque une bonne partie de la réalité. Tout comme leurs hommes, les paysannes travaillent dur aux champs, même si les tâches sont réparties en fonction des forces de chacun et de chacune. Et il leur faudra attendre encore bien longtemps pour que la mécanisation galopante les libère enfin des foins, de la moisson, des gros travaux des champs.

☐ Le grand-père? L'arrière-grand-oncle de la famille? Seule certitude: cet aïeul n'est plus de première jeunesse et appartient à cette petite minorité qui, à chaque génération, atteint un âge plus ou moins avancé. Qu'a-t-il amassé au cours de sa déjà longue existence? Probablement plus de soucis et de coups durs que de biens au soleil et de satisfactions réelles. Pas de vaccins alors pour prévenir les épidémies du bétail, et il n'est pas rare que la totalité d'un cheptel succombe en quelques jours... Pas d'assurances non plus contre les calamités naturelles, grêle ou sécheresse! Oui, le vieil homme a dû manger sa part de pain noir, avoir ses années de vaches maigres, et il est douteux qu'il se soit enrichi. Comme la plupart de ses contemporains, il a vraisemblablement vécu sur une dizaine d'hectares qu'il exploitait en fermage et dont il était propriétaire, sans pouvoir guère caresser l'espoir de « s'agrandir ». Elle a dû en lever du foin, la fourche de

l'ancêtre, cette fourche traditionnelle en bois dont la dent centrale est protégée par une corne. Et il n'est pas impossible qu'aujourd'hui, cet indispensable outil, devenu objet folklorique, orne la vitrine de quelque brocanteur!

☐ *Page de droite:* « La "vie en communion" qui organise la vie commune du jeune couple chez les parents d'un des conjoints maintient la famille élargie », note l'historien Michel Vernus. Et cette famille élargie fait face comme un seul homme aux coups de feu qui marquent les saisons: les semailles, les foins, la moisson, le battage. Les plus jeunes eux-mêmes donnent un coup de main à leur mesure en pourvoyant en boisson fraîche les gosiers desséchés! Car jouer de la faux ou de la fourche, durant des heures et des heures, fait couler la sueur, déshydrate et assoiffe. Aussi ça n'est pas sans raison que la bouteille de vin figure en bonne place, aux pieds des paysans! Du vin pour couper le foin et du foin contre du

vin. Troc ou « import-export », c'est depuis longtemps déjà à Vers-en-Montagne qu'on importe du vin des régions vinicoles d'Arbois, de Pupillin, de Poligny ou de Voiteur, vers lesquelles on exporte le fourrage des plateaux.

□ *En bas :* Par ces quelques phrases, l'écrivain d'origine haut-jurassienne Numa Magnin a parfaitement cerné ce qu'étaient en ce temps les petits Comtois de nos régions : « Il est naturel de juger l'arbre aux fruits. La montagne protège les races fortes. Issus de paysans modestes, laborieux, foncièrement honnêtes, ils ont été élevés sans molesse, mais sans privation. Ils vont fréquenter l'école du village, au moins l'hiver, jusqu'à seize ans. » Rythmée par les travaux des champs, la vie de ces gamins d'hier s'est écoulée, et ceux qui n'ont pas été portés en terre sont devenus les anciens d'aujourd'hui.

□ Encore une merveilleuse composition signée Agathe Coutemoine que l'image de ces paysages en train de «tiété la crouate» (casser la croûte) sur le tas. «Heureux, écrit Magnin, ceux dont la jeunesse se déroula paisible au village, au sein des familles honnêtes. Puissions-nous faire partager cette conviction à ceux et surtout à celles qui s'ennuient à la campagne, ne songent qu'à renouveler à leurs dépens l'odyssée du pigeon de la fable et, le cœur léger, lâchent la proie pour l'ombre du bonheur.»
Car le processus de désertification des campagnes, bien qu'encore assez lent, est déjà entamé, et n'ira qu'en s'accélérant au cours des décennies à venir.
La ville, sa magie, ses lumières (l'éclairage électrique se répand), attire les jeunes campagnards, et principalement les filles qui ne goûtent guère le côté bucolique de la vie aux champs, celui-là même qui comble d'aise les petits citadins... On rêve de belles toilettes et du riche parti sur lequel on ne peut manquer de tomber, mais aussi et surtout on cherche à fuir les dures réalités du travail de la terre. Pour celles et ceux qui partent, et qui pour certains «montent» à Paris, la ville se révèle généralement comme un triste mirage. Là aussi on besogne, on besogne fort pour s'en tirer, et il arrive que l'on regrette les douceurs du «pays»... sans bien sûr l'avouer aux cousins qui sont restés. Jean Rameaux, que l'on voit ici, enfant, mordant dans une large tranche de pain, est lui aussi «monté» à Paris. Mais il est toujours revenu aussi souvent que possible dans son Jura natal...

□ *Pages suivantes:* Gros plan sur l'arsenal anti-insectes — chasse-mouches et bâches — destiné à préserver les bœufs des piqûres. A défaut de pouvoir lui assigner une tâche plus rude, on a chargé le petit Jean, armé d'une branche feuillue, d'écarter des bovins, mouches, tavoins (taons) et autres «trouble-foins». Pourquoi cette hantise des insectes? Parce qu'une simple piqûre peut parfois provoquer des catastrophes. Il n'est pas rare en effet que, cherchant à échapper à un dard trop insistant, les bœufs s'énervent, s'emballent en renversant la voiture, avec toutes les conséquences qui en découlent...
On essaie donc de prévenir l'accident auquel, à vrai dire, la tâche avançant, on n'a guère le temps de penser... On «acronne» (on rassemble le foin en longs boudins), on charge, et l'on demande aux bœufs d'avancer de quelques mètres, tout en prenant bien soin de placer devant leurs mufles un petit tas de foin.

☐ *Pages précédentes:* Grosse innovation: la «locomobile»! Grâce à son énorme roue d'entraînement, cette machine à vapeur chauffée au charbon de bois permet de faire fonctionner une batteuse. Ces premières machines nécessitent un gros entretien — chargement, graissage, nettoyage, etc. — et, lorsque d'aventure elles tombent en panne, impossible de faire appel à un spécialiste en matériel agricole! On doit se débrouiller, et solliciter parfois l'aide du forgeron le plus proche, l'ancêtre de nos garagistes. Dans *Andelot, Histoire de mon Village,* Jean Lamy situe vers 1910 l'apparition dans notre région de toutes ces machines qui vont révolutionner l'agriculture... et le monde agricole: «La charrue brabant qui permet à un homme de labourer seul, la moissonneuse-lieuse américaine qui remplace vingt personnes, la herse canadienne conduite par un seul homme, etc.»

☐ *En haut:* L'été, c'est aussi le temps où les distractions sont les plus variées. Au moins pour les familles aisées... Pour s'offrir une partie de pêche le dimanche, il ne faut pas avoir de bêtes à soigner ou à garder. Pour s'offrir canotier ou bourriche, il ne faut pas avoir la bourse trop serrée...

Quant au poisson, il ne manque pas puisque pour lui la nourriture abonde. Celle fournie par la nature bien sûr, mais aussi par l'homme. Le long des rivières, tel l'Angillon, la coutume veut que chacun aille déposer ses ordures près des ponts, des ordures toutes biodégradables puisqu'il ne s'agit que d'épluchures et de déchets végétaux ou animaux. Un régal entre autres pour les truites, qui ne sont pas les seuls hôtes des eaux vives, où elles côtoient goujons, vairons et autres écrevisses, si prisées des gourmets.

☐ *En bas:* La bicyclette! La folie des années qui suivent la Première Guerre mondiale! Certes, la «plus belle invention» du siècle précédent a fini d'étonner («Construire avec un peu de métal et de caoutchouc un véhicule si léger et si robuste, qui porte un homme, résiste à tous les cahots de la route, roule sur l'air comprimé, réalise l'équilibre par le mouvement, c'était un tour de force», écrivait Magnin), mais encore coûteuse, elle est toujours admirée.

☐ Canot de promenade, ou bac pour traverser la rivière? Dès les premiers beaux jours, la bourgeoisie comtoise prise fort les excursions en tous genres et, par temps de canicule, plus particulièrement le canotage

et les pique-niques au bord de la rivière. A en juger par le mouchoir disposé autour du canotier, la chaleur doit être lourde. Mais cela n'a pas empêché la dame de se vêtir d'amples jupes et de s'affubler d'un couvre-chef plus décoratif qu'utilitaire. Il faudra attendre l'avènement de l'automobile pour que les femmes laissent au vestiaire ces encombrants vêtements: trop longue, la robe se gâte contre le marchepied de la voiture; trop exhubérant, le chapeau oblige à se contorsionner pour passer par la portière...

□ *Page 60:* Le Hérisson et la cascade du Grand Saut. C'est tout près de cette cascade que s'ouvre la grotte Lacuzon, repaire présumé de Jean-Claude Prost dit Lacuzon (1607-1681) durant la lutte des Comtois contre l'envahisseur français, à l'époque où la Franche-Comté était espagnole.

□ *Page 61:* Parmi les plus vieux arbres de la forêt de la Joux est cycliquement élu le sapin Président. Celui-ci, à en juger par sa circonférence, ne doit pas être loin d'atteindre la hauteur de la cascade! Le roi des forêts a fait son temps; il est prévu qu'on l'abatte, et qu'on l'exhibe à Paris à l'occasion de l'Exposition Universelle de 1914. Mais la déclaration de guerre va faire tomber le projet à l'eau et la dépouille du Président n'ira pas amuser les badauds.

□ *Page 62:* Bien que l'anticléricalisme hérité de la Commune soit toujours de rigueur dans de nombreux foyers, l'église demeure le pivot de la vie sociale. A l'occasion des enterrements, dévots et libres penseurs s'y retrouvent sur le parvis et, le temps d'un office, mettent leur mouchoir sur leurs querelles.

□ *Ci-dessus:* Féerique manège du début du siècle, installé sur l'austère place de Morez. Enfants et adultes enfourchent les chevaux de bois peints, mais ils vont encore patienter un instant avant de se laisser emporter par le mécanisme et griser par le mouvement: les deux machinistes — en tablier — ont pris la pose comme leurs clients.

□ Termine-t-on de goûter... ou boit-on simplement un verre pour pallier la chaleur de l'été ? Verse-t-on du cidre, de la piquette ou du vin ? Qu'importe ! Imaginons qu'il s'agit d'un de ces excellents crus du pays, bien mal connus encore hors des limites de la province par ces amateurs éclairés pour qui un bon vin ne peut être que de Bourgogne... Et qui, après un verre de vin d'Arbois ont vite fait de changer d'avis !

□ *Page 65:* Ces dames auraient-elles épuisé tous les plaisirs que peuvent procurer les quelque soixante-dix lacs jurassiens, pour être allées en excursion sur les rives du grand Léman ? Mais il fallait alors avoir vu la Suisse, comme en témoignent ces quelques mots extraits d'une rédaction d'Agathe adolescente, récompensée de l'obtention de son certificat d'études par un petit voyage : « La Suisse, objet de tous mes désirs... »

□ L'été se termine, puisqu'il est temps de ramasser les pommes de terre. On ne cultive d'ailleurs pas qu'elles à Vers-en-Montagne où, à la fin du siècle dernier, « le sol est fertile et produit du blé, de l'orge, de l'avoine, des légumes secs, de la navette (plante voisine du colza), des betteraves, beaucoup de foin, des carottes fourragères et du chanvre ».
A moins de six cents mètres d'altitude, alors que les échanges entre régions sont loin d'être ce qu'ils sont appelés à devenir, on pratique la polyculture, qui permet de nourrir bêtes et gens. Mais la pomme de terre, qui peut remplacer le pain, est une des productions auxquelles on attache le plus d'importance. Le moment de la récolte

venu, chacun y va de son coup de main! A l'aide du «bigo» (houe à deux dents), on déterre les tubercules, qui sont aussitôt triés sur place. Dans les «rasses» (paniers), on sépare les «fourragères» des «potagères», les patates destinées aux cochons de celles utilisables en cuisine. Le tri terminé, la récolte est versée dans des sacs que, grâce à une voiture à bras, on ramènera à la maison.

☐ L'Agathe — en tablier près de la voiturette — est manifestement satisfaite des deux énormes tubercules qu'elle a découverts! Elle doit l'être aussi du travail fourni par les enfants, à qui l'on inculque que la paresse est le pire des péchés capitaux, «la mère de tous les vices».

PHELINAT

L'automne

Pourquoi « lou déritan » (le dernier temps) pour désigner l'automne, si ce n'est par opposition au « premier temps », pour marquer le déclin des jours et l'avance de la nuit? Après le « partir dehors » des jolis mois approche le « rentrer dedans » des plus courtes journées, le retour aux étables et le début des veillées. « Lou déritan »... Un bien sombre mot pourtant que ce « dernier temps » pour qualifier la plus belle peut-être de nos saisons, avec ses soleils rouges, ses lumières d'or et ses couleurs de feu: adieu, printemps pluvieux et été capricieux! En automne, les couchants n'ont-ils pas la clarté des ponants ?... « Septembre est le mai de l'automne », rapporte le dire populaire qui n'a jamais trompé les hirondelles: elles sont déjà parties, délaissant jusqu'au printemps suivant les nids qu'on aurait garde de détruire. « A la Saint-Matthieu [21 septembre] *lou jou pâ à let neu* » (le jour pareil à la nuit): bien sûr les jours raccourcissent et, dans « le Haut », certains montagnons, en prévision des premières neiges, ont déjà rentré leurs bêtes. Vendanges, labours et semailles rythment le mois d'octobre, accompagné lui aussi de son chapelet de dictons: « A la Saint-Denis [9 octobre] *vé la cri* » (va chercher les raisins), « Octobre à demi pluvieux rend le laboureur joyeux », « Bonnes semailles, bonnes récoltes. » En novembre, tout est joué, tout est semé, tout est rentré! Dans les campagnes, on est prêt à affronter la mauvaise saison, et on aime à regarder son bois s'aligner au bûcher. « A la Saint-Martin, bois ton vin, et laisse l'eau aller au moulin ! », concluaient plaisamment nos anciens.

□ C'est la rentrée! A Salins-les-Bains, séance de pose devant l'orphelinat adossé à l'église Saint-Anatoile, devenu depuis École et Collège privés mixtes Saint-Anatoile. Mais y a-t-il une rentrée pour ces pensionnaires « sans famille » ?

LETTRE A AGATHE

Lons-le-Saunier, 23 octobre 1914

Impossible de trouver papier 18 × 24. Regrets.

Toute la saison durant, on n'a pourtant guère eu le temps de trinquer! Labourer, semer, planter (« A la Sainte-Catherine, tout bois prend racine »), et puis rentrer, rentrer, toujours rentrer, les dernières « poumetares », les choux, et puis aussi les fruits, pommes, poires, raisins, noisettes et noix, sans oublier le bétail et le bois... Sur les plateaux, dans la montagne ou dans la plaine, les hommes s'affairent, et tout sera prêt pour l'hiver.

L'Agathe non plus n'a pas pas chômé, en glanant sa traditionnelle moisson de clichés. Il y a la rentrée bien sûr (p. 68), même si ce n'est pas encore celle des petits bergers qui, le soir, allument de grands feux sur lesquels ils font cuire une poignée de pommes de terre « empruntées » au champ voisin; la cueillette des noisettes (p. 71) et les nombreux travaux de bûcheronnage, avec une incursion auprès de la machine des « scieurs de long » (p. 72) et quelques images des « cousins du Canada » (pp. 75 à 77), qui, dans nos forêts, se hâtent de couper les bois destinés aux tranchées. Il y a les vendanges aussi, que la photographe n'a pas voulu manquer (pp. 80-81), et puis encore les derniers labours (p. 86), qui devaient être terminés deux bons mois avant la fin de l'année (« A la Saint-Vallier, la charrue sous le poirier »). Il y a aussi les ultimes promenades sous les arbres roussis, qu'on se dépêche de réaliser avant l'enneigement des sentiers: promenades à pied ou en breaks attelés, ces anciennes voitures (pp. 82 à 85) auxquelles auto et chemin de fer n'ont pas encore porté le coup de grâce. Les voilà d'ailleurs les automobiles (pp. 90-91), celle du ministre Pichon conduite dans la grand-rue de Champagnole par un chauffeur en livrée, et puis aussi celles de quelques rares privilégiés, dont le passage déclenchait immanquablement des exclamations indignées: « Je les attends en hiver, quand il y aura deux mètres de neige...

Les beaux jours reviendront pour les traîneaux et les équipages, fait dire à un de ses personnages l'écrivain comtois Magnin. Croyez-moi, ce n'est pas encore le moment de vendre nos chevaux.» Mais le glas a déjà sonné pour les jolis équipages, et notre reporter s'intéresse déjà aux locomotives et autres aéroplanes (pp. 92-93), dont les progrès avancent à pas de géant, malgré de fréquents accrochages qui entretiennent la mauvaise humeur de leurs différents détracteurs : « Les accidents de voiture [à cheval], neuf fois sur dix, ne tiraient pas à conséquence, on en sortait avec des contusions, tandis que dans les trains, on se tuait sans rémission» (Magnin). Que de photographies d'actualité, devenues aujourd'hui de simples images du passé !

« SAINT-JEAN, QU'IL M'AIME TENDREMENT »

C'est la fête des filles : dans beaucoup de villages elles se réunissaient à cette occasion (Sainte-Catherine) en un grand banquet. Dans la soirée elles donnent un bal auquel elles convient les garçons. Ceux-ci agissent de même à la Saint-Nicolas. Mais, le plus souvent, le repas a lieu entre filles seulement.

«A la Sainte-Catherine, on dit que les petites filles rient, que les grandes prient pour avoir un homme et que les vieilles sont furieuses de n'en point avoir.» Celles qui ont plus de vingt-cinq ans doivent s'attendre à recevoir par la poste des allusions malignes à leur célibat prolongé : le plus souvent, c'est un petit bonnet en papier pour coiffer Sainte-Catherine, ou des litanies à réciter dans le genre de la suivante :

Saint Méderi,
Que j'aie un bon mari.
Saint-Barthélemy,
Qu'il soit joli.
Saint-Jean,
Qu'il m'aime tendrement.
Saint-Michel,
Qu'il me soit fidèle.
Saint-Boniface,
Que mon mariage se fasse.
Saint-Augustin,
Que ce soit demain.

[...] *Si ce jour-là une jeune fille cueille trois branches de trois arbres quelconques et qu'elle les mette dans une bouteille d'eau, à Noël elle les trouvera fleuries en revenant de la messe de minuit.*

Charles Bauquier
Les Mois
en Franche-Comté

LES TRAVAUX DE «LOU DERITAN»

Puis l'automne arrive, on «vo ècoure» (battre les céréales). Les parents du Paul battaient encore en grange avec le «flau» (fléau); mais depuis quelque temps il y a des batteuses mécaniques : des «Pinet». On rentre la batteuse dans la grange, elle est mue par un «chemin de fer» : un bœuf, enfermé entre des barrières, marche sans arrêt sur un tapis roulant incliné qui communique son mouvement à un axe entrant dans la machine. L'«engreneur» engage les gerbes qu'une femme délie et «éparpille» à sa portée, les grains crépitent, et tombent sur des tamis qui les «criblent», et s'entassent dans des sacs accrochés à un bout de la batteuse.
A l'autre bout, des «secoueurs» évacuent la paille et des ventilateurs expulsent la «pussot» (la balle) et la poussière; l'homme qui est à leurs côtés a la mauvaise place!
Les voisins et amis sont venus «donner la main» à charge de revanche, et un repas copieux les attend à l'«etto» (ou «outo», cuisine), où les femmes s'affairent.

Jean Lamy
Andelot, Histoire de mon village

□ Les noisettes: un délice bien fastidieux à cueillir! «De Saint-Jean [23 juin] la pluie fait la noisette pourrie», «S'il pleut à la Sainte-Marguerite [20 juillet], noix et noisettes se gâteront vite», «A la Sainte-Madeleine [22 juillet], noisettes pleines, à la Saint-Laurent [10 août], regarde dedans»...
Les jeunes cueilleuses qui utilisent un rameau fourchu pour tirer les branches à elles ont-elles tenu compte de tous ces dictons avant de se mettre à l'ouvrage? Possible, car la récolte semble bonne!

☐ *Pages précédentes:* Les saisons changent, et avec elles les tâches de notre équipe mécanisée. Finie la batteuse! Le temps est venu de se transformer en «scieurs de long». C'est sans doute l'attrait de la machine qui incite nos gaillards au travail. Car si le Jurassien aime bien «aller au bois», débroussailler ou couper son lot d'affouage, il n'éprouve en général aucun goût pour le métier de bûcheron. Et les exploitants forestiers font le plus souvent appel à une main-d'œuvre extérieure, Morvandiaux, Italiens ou Portugais, scieurs de long spécialisés.

☐ *Ci-dessus:* Mue par un moteur à pétrole, la scie à ruban est encore une invention qui épargne bien de la peine. Avec un pareil engin, on a vite fait de débiter les bûches nécessaires pour se chauffer tout l'hiver.

Comme souvent, un enfant, rejeton ou apprenti, « donne la main ». Pour un plus long usage, le bout de ses souliers est ferré. Et si, comme c'est probable, les semelles de ces mêmes souliers sont garnies de clous, il peut aussi, la nuit tombée, faire jaillir des gerbes d'étincelles en les frottant brutalement sur la première surface rugueuse venue.

□ *En bas :* En bons appelés, les Canadiens se fatiguent le moins possible ! Ils manient le passe-partout sans se baisser, et coupent le bois à quatre-vingts centimètres du sol. Le tout, bien sûr, au grand dam de nos agents des Eaux et Forêts, incapables de faire entendre raison à ces énergumènes qui s'imaginent en train d'exploiter une forêt du Nouveau Monde...

□ *En haut :* Entre janvier 1917 et mars 1919, quelque deux mille cinq cents Canadiens bûcheronnent dans les forêts de la Joux, de la Fresse et de Levier. Ils sont chargés de fournir suffisamment de planches et de madriers pour étayer les tranchées qui s'étendent, et sont sans cesse détruites, du côté de la Marne... « Ce sont les Français qui décident des arbres à couper et en conséquence de l'avenir de la forêt », peut-on lire dans leur journal de guerre à la date du 10 avril 1918. Avec pour seul répit le dimanche, les « cousins du Canada » abattent et scient les foyards, sapins et épicéas qui leur sont indiqués. C'est à la gare de Vers-en-Montagne qu'ils livrent leur production, d'où elle est acheminée vers le Centre de bois de Besançon. Sur ce premier document, daté du 22 février 1918, le lieutenant F. N. Ritchie, en compagnie du chef de gare et de son épouse, vérifie la livraison des chargements destinés au front. Les chevaux n'ont rien de comtois ? Eh non ! Ils sont venus du Canada, avec leurs meneurs et leur harnachement.

□ *Pages suivantes :* Hommes seuls, besognant dur, les Canadiens n'agissent pas toujours (et pour cause...) en « cousins ». « On en a bavé avec cette équipe, se souvient une ancienne de Les Nans. Nous les mômes ils nous faisaient peur, et quand on devait traverser leurs camps, on ne traînait pas en chemin ! Le soir, ils prenaient des cuites gigantesques et, quand un groupe arrivait au village, chacun se barricadait vite fait ! Souvent, ils se battaient entre eux, ou bien encore ils venaient tambouriner à nos portes. »
La hiérarchie réprime les excès avec une grande sévérité. Qu'on en juge : le 17 septembre 1917, le soldat W. Smith est condamné à... quinze ans de travaux forcés pour avoir « en service, commis une agression contre la personne d'un habitant du pays dans lequel il servait ». Les Canadiens ne sont cependant pas tous des « méchants » : certaines portes auxquelles ils frappaient ont même bien dû s'ouvrir puisqu'on raconte encore, ici et là, qu'ils ont laissé une descendance en Comté...

□ Que pense saint Hubert de ces trois citoyens, aussi élégants de leur personne que ravis de leur petit tableau de chasse?

□ *Page 79:* Plusieurs fois rebâtie sur le penchant d'une colline, l'église de Vers-en-Montagne était déjà mentionnée en l'an 1090.

☐ Le temps des vendanges... A la fin du XIXe siècle et à la veille de la fondation de la coopérative vinicole d'Arbois (une des premières de France), le Jura est planté de 20 000 hectares de vignes (2 300 de nos jours sur l'ensemble de la Franche-Comté...). C'est dire que la vendange n'est pas une mince affaire. On coupe les grappes que l'on dépose dans des « seillots » (seaux) en bois de sapin (« Au panier ! »), vidés ensuite dans la « bouille », en bois elle aussi, qui est portée à dos d'homme (« A la hotte ! »).

☐ La vendange est versée dans une cuve pour être menée au pressoir. Que va-t-il en sortir ? Certains des plus grands vins de France. Le vin de paille bien sûr mais aussi le vin jaune, issu exclusivement

du cépage Savagnin, connu déjà au XVIIIe siècle et apprécié dans le monde entier. L'Arbois — « Plus on en boit, plus on va droit ! » — que goûtait fort le bon roi Henri (avec ou sans poule au pot !)... Le Pupillin âprement défendu : « Arbois le nom, Pupillin le bon ! » D'autres encore qui, pour être moins connus, n'en sont pas moins délectables, avec leur goût de terroir si particulier. Le Jurassien Pasteur, né à Dole mais qui passait ses vacances à Arbois, était fort amateur de ces vins du Jura. « J'ai mis en bouteilles du 1834, écrit-il. Il y a de l'esprit dans ces cent litres plus que dans tous les livres de philosophie du monde... »

☐ *En haut:* Il faut bien trois chevaux pour tirer toutes ces soutanes! Et il faut bien aussi les laisser souffler de temps à autre. Les prêtres en profitent pour se dégourdir les jambes dans la rue principale d'un village qui doit être situé dans le bas Jura, à en juger par la facture des toits.

☐ *Au milieu:* A La Chaux-de-Gilley dans le Doubs, on peut encore voir cette maison, demeurée inchangée depuis le début du siècle. A droite sous le toit (hors document) est encore apposée une ancienne pancarte indiquant «Café restaurant H. Renevier». Le haut du mur est toujours couvert d'un assemblage de tuiles posées à la manière traditionnelle des tavaillons en bois — chose rare en Comté où la plupart des tavaillons ont été remplacés par de larges plaques de tôle... Quant à la voiture attelée, elle a bien sûr disparu, et le restaurant n'est plus qu'un souvenir.

☐ *En bas:* Le cocher du Dr Coutemoine, prêt à accompagner son maître en visite, pose près de la voiture en compagnie de Madame. Peut-être le médecin, pour ses tournées hivernales, en utilisait-il une autre, semblable à celle de son confrère salinois Maubert que nous décrit Jean Lamy: «Le Dr Maubert avait imaginé d'adapter une voiture à cheval aux différents états de la route pendant l'hiver. Dans la neige, sur la glace, elle glissait sur des patins comme un traîneau. Quand le sol nu réapparaissait, il faisait descendre avec des crics, le long des montants, quatre roues indépendantes. On n'a jamais su par quel miracle la voiture-traîneau "brochait" dans les "contours"» (braquait dans les virages). Voici, parmi toutes celles élaborées en ce début de siècle, une ingénieuse invention qui n'aura guère d'avenir!

☐ *Page 83:* En dehors des voitures particulières, ne circulaient guère à la fin du XIXe siècle que trois catégories de véhicules: la «poste aux chevaux», qui permettait d'avancer rapidement grâce à un système de relais; les «messageries», autrement dit la diligence tirée par quatre à six chevaux; le «roulage» enfin, ou transport de marchandises lourdes, attelages à un seul cheval qui faisait — à petite allure — tout le voyage.

☐ Route de Censeau, à Andelot-en-Montagne. Par temps sec, le passage des attelages soulève des nuages d'une poussière qui blanchit l'herbe et incite les riverains à garder leurs portes fermées. Andelot est alors un gros bourg de sept cents habitants dont la gare est desservie par le PLM (Paris-Lyon-Marseille). On y compte de nombreux commerces, hôtels et autres auberges. Dès 1893, l'adduction d'eau y a été faite, et de multiples bornes-fontaines permettent aux villageois de remplir commodément brocs et seaux. Rares étaient cependant les habitations alimentées en eau courante et il faudra attendre les années 50 pour que toutes aient « mis l'eau ».

□ *Pages précédentes:* Après avoir laissé la terre reposer quelques années sans la cultiver, on « ouvre » le champ, on « laboure la toupe ». Rude et délicate, la tâche est ici facilitée par l'attelage mixte bœufs-cheval: les bœufs ont la puissance, le cheval la vivacité.
Ce dernier n'a pas grand-chose de commun avec le comtois tel que nous le connaissons aujourd'hui. Et pour cause! La race, longtemps fameuse pour ses qualités au labourage et au roulage, a dégénéré tout au long du XIXe siècle en raison de croisements souvent inconsidérés. Ce n'est que vers 1910 qu'elle commencera à faire l'objet d'une sélection rigoureuse qui la fixera, qui façonnera ces chevaux solides et « allants » qui font encore aujourd'hui la fierté des éleveurs du Jura et du Doubs.

□ Encore une de ces maisons de montagnon, trapue, intemporelle, qui adhère largement au sol et n'offre aucune prise au vent. L'hiver prochain, qui sait si elle ne disparaîtra pas jusqu'au toit sous la neige? Son orientation et sa conception ont été décidées en fonction des vents dominants et du climat. Sur le pignon au vent par exemple, le bardage de tavaillons assure étanchéité et protection contre le gel.

Le cheval tient toujours le haut du pavé mais, comme insidieusement, prend place dans la vie quotidienne l'automobile, luxe encore réservé à de rares privilégiés.

□ *En haut:* devant ce qui est maintenant le restaurant *Le Clavelin* à Vers-en-Montagne, une voiture semblable à la célèbre «voiture Pichon», une des premières de la région. Stephen Pichon, maire de Vers en son temps, président du conseil général et sénateur, assura aussi les fonctions de ministre des Affaires étrangères (il a, entre autres, signé le traité de Versailles en 1919, avant de sombrer dans l'oubli politique). Sa voiture, une Peugeot, était au moins aussi connue que lui!

□ *En bas:* toute la famille s'est installée dans une voiture comtoise! Car cette Zédel était fabriquée à Pontarlier depuis 1910.

□ Elles s'appellent De Dion Bouton, Darracq ou Torpédo Zédel, et elles descendent souvent mieux les côtes qu'elles ne les montent! Elles tombent aussi en panne; mais elles font la joie de tous les passionnés du «progrès» qui, même au fin fond de la Franche-Comté, s'intéressent de très près à la locomotion terrestre. Leur carrosserie emprunte encore beaucoup, pour ce qui est des formes, à la voiture à cheval. Leurs lanternes ressemblent fort à celles des calèches ou des fiacres. Mais elles évoluent et évolueront encore. Vite. Très vite. Elles se multiplieront aussi. De plus en plus vite. Et le temps viendra où elles cesseront de débander les troupeaux de vaches, d'affoler les chevaux à leur passage et de faire dire à quelques anciens qu'elles sont «des inventions du diable».

Des illustrations pour *La Bête humaine* de Zola? Presque, puisque ces documents — et ces accidents! — sont contemporains de l'auteur de la série des Rougon-Macquart, mort en 1902.
Lorsque l'on sait qu'à «grande vitesse», les trains d'alors ne dépassaient guère les quarante kilomètres à l'heure, on est quelque peu surpris de l'étendue des dégâts provoqués par un déraillement. Mais les voies étaient encore établies sans grande rigueur, et les voitures construites en bois...

☐ *En haut:* Pour ce qui est du premier accident, survenu entre 1885 et 1890, les recherches menées par Georges Faivre ont fourni bien des détails étonnants, qui amènent à cette conclusion: la locomotive n'est pas celle qui tirait le train, c'est elle qui était remorquée! Cette machine, construite à Mulhouse en 1867, vient de subir une «grande révision et était, lorsque l'accident est survenu, acheminée, «froide» et en partie débiellée, vers son départ d'affectation (Pontarlier). C'est au cours d'une manœuvre, à cause du poids trop important de cette machine à vapeur en queue de convoi, que s'est vraisemblablement produit ce spectaculaire déraillement.

☐ *En bas:* Du second accident survenu le mercredi 17 septembre 1890 en gare d'Andelot-en-Montagne, on sait qu'il s'agit du télescopage de deux convois roulant sur voie unique, qui fit trois morts dont une fillette de dix ans et cinq blessés graves. Il serait dû à l'encombrement des voies de garage, occupées en permanence par les trains de service affectés au chantier d'établissement de la voie Champagnole-Saint-Laurent. Suite à la catastrophe, l'enquête aurait rendu responsable le mécanicien du train 4515 pour «freinage tardif sur voie occupée», mise en cause atténuée par la mauvaise visibilité.

☐ Les badauds se pressent pour voir comment l'aviateur a «cassé du bois» (les premiers avions sont faits de bois et de toile). L'Agathe ne nous a laissé que peu de photos-documents de cette sorte. Mais il faut se souvenir qu'en son temps les nouvelles se propageaient bien plus lentement qu'aujourd'hui, que les déplacements étaient difficiles et lents, le matériel photographique d'une maniabilité très relative. Aussi, et à moins d'un incroyable concours de circonstances, le reporter arrivait-il généralement après la bataille.

CAFE DU STAND
FRS DE LIMONADE

☐ *En haut:* Doctes remarques de l'oncle de Pagnoz sur les plissements calcaires du massif jurassien ? Si c'est le cas, elles n'ont pas l'air de passionner son neveu Jean qui aimerait sûrement mieux emmener sa sœur chahuter dans les rochers !

☐ *En bas:* Ce qui n'est pas permis aux enfants l'est aux jeunes gens ! Les années ont filé, et Jean s'amuse manifestement à poser, rattrapé par son fond de culotte, au belvédère des Roches de Baume. Le cirque de Baume-les-Messieurs est une de ces étroites vallées en impasse si caractéristiques du relief jurassien et qu'on nomme les « reculées ». Selon un auteur américain, celle de Baume, couronnée par d'épais bancs de roches, est « un des plus beaux précipices d'Europe »...
Pour descendre au fond de cet abîme, on peut emprunter les Échelles de Crançot, vertigineux passage taillé dans le roc au XVIIe siècle sur les ordres d'un aventurier, l'abbé Jean de Watteville, qui le franchit... à dos de mule !

☐ *Page 95:* Entrée des grottes de Baume qui est un « trop-plein » du Dard, affluent de la Seille. Après les périodes de fortes pluies, c'est par là que l'eau s'échappe en cascade. D'hier à aujourd'hui, le lieu n'a guère changé et demeure un point d'attraction pour de nouvelles générations de vacanciers. A l'intérieur de la succession de grottes, la différence est cependant considérable. Là où nos grands-pères s'aventuraient dans l'obscurité, armés de torches à la lueur tremblotante, on est maintenant accueillis par de savants jeux de spots de couleur illuminant, entre autres, la voûte de la salle du Catafalque, qui s'élève à quatre-vingts mètres de hauteur.

□ *En haut:* Face à la maison Coutemoine à Vers, «le château», ou plutôt ce qu'il en reste après sa destruction en 1639, au début de la guerre de Dix Ans. De ce château on sait qu'il fut la résidence favorite de Louis de Chalon-Arlay, de Philiberte de Luxembourg aussi; on sait qu'au mois de septembre 1456, le Dauphin de France lui-même — le futur Louis XI — y séjourna quelque temps. Bâtie sur les ruines du château, la ferme du Parc est aujourd'hui une exploitation agricole, toujours flanquée de deux de ses tours moyenâgeuses. «Avec le temps, notait Sequanio au XIXe siècle, voilà ce que devient une résidence où des princes vécurent: le palais des lézards et des pierrots».

□ *En bas:* Ne laissons pas fumer une pipe sans rappeler qu'elle doit sûrement être de fabrication locale. En 1912, Saint-Claude, capitale mondiale de la pipe de bruyère, comptait cinquante usines occupant quatre mille ouvriers. La France n'absorbait

alors que 15 % de la production, qui était principalement destinée à l'exportation, avec l'Angleterre — et Sherlock Holmes ! — pour plus gros client.

☐ *En haut:* Étiré le long de la route Salins-Champagnole au bord de l'Angillon, Le Pasquier est un village de nos jours un peu boudé des touristes. Il fut pourtant jadis une seigneurie particulière, mentionnée dans les textes dès le XIIe siècle. Un château-fort s'y dressait alors que Louis XI, décidément peu reconnaissant de l'hospitalité qui lui avait jadis été offerte dans la vallée de l'Angillon, fit raser par ses armées. Près de l'église, cette harmonieuse demeure du XVIIe siècle, bien que remaniée, est une des plus belles bâtisses du village.

☐ *En bas:* Bien que des matelassières passent parfois dans les communes, on fabrique ou on refait souvent soi-même les matelas de la maison. S'attaquer à l'ouvrage à deux permet de se partager la tâche, l'une défaisant le crin, l'autre cardant la laine.

□ *En haut:* Il est de bon ton chez les familles bourgeoises de côtoyer le clergé, d'organiser des sorties en sa compagnie. Notable bien-pensant, Me Abel Coutemoine (au centre) ne faillit pas à la règle. Pour situer ses idées, il n'est que de lire ce qu'il écrit en 1862 pour défendre la construction du Chalet de Vers à l'endroit choisi par son conseil municipal: «La construction du Chalet [sur la place des Tapois] aura cela de bon, c'est qu'elle amènera la suppression du jeu de quilles qui se trouve en ce lieu, lieu de disputes et de rixes surtout le dimanche; les enfants ne seront plus témoins de ces sortes de scènes regrettables lorsqu'ils se rendront à l'école ou aux offices.» L'argument devait être de poids puisque le Chalet sera bel et bien construit sur la place des Tapois.

□ *En bas:* L'arrivée de quoi, de qui, peuvent bien guetter ces dames au «garde-à-vous»? Mais seul le goût de la mise en scène, fort en vogue à l'époque, a vraisemblablement décidé de la pose insolite de ces trois femmes endimanchées.
Pour ce qui est de la sombre lisière de résineux, rappelons seulement le mot du romantique Michelet qui disait: «Le noir Jura...» Un brin mystérieux et quelque peu inquiétants, sapins et autres épicéas ne recouvrent pourtant pas, loin s'en faut, toute la région: il suffit de feuilleter ce livre pour s'en rendre compte!

☐ *En haut:* Encore de la mise en scène, avec pour toile de fond un paysage et un village du haut Doubs. Une mise en scène au demeurant fort réussie que cette apparition d'élégantes sur arrière-plan champêtre! Question: les ombrelles, une fois ouvertes, protègent-elles le visage de ces dames ou les hautes plumes de leurs chapeaux? Mais au fait... Pourquoi avoir des ombrelles et demeurer face au soleil? Pour suivre les instructions de la photographe bien sûr, qui semble décidément mieux à son aise dans les scènes de genre d'inspiration rurale...

☐ *En bas:* Aux parties de colin-maillard succèdent les rondes et les chansons («Nous n'irons plus aux bois», «Cadet Rousselle» ou «La tour prend garde»...). A la belle saison, les filles confectionnent des habits en feuilles de platane, se parent les oreilles de cerises, tandis que les garçons fabriquent des trompettes avec des tiges de pissenlits. On organise des parties de cache-cache, on installe des moulins sur les ruisseaux, on bâtit des cabanes... Pour les petits campagnards, la principale distraction reste bien sûr la guerre... contre les ennemis du village voisin; la «guerre des boutons» si savoureusement racontée par Louis Pergaud, natif de Belmont dans le Doubs. C'est d'ailleurs à Durnes et à Landresse, deux villages où le jeune écrivain comtois fit la classe, qu'il trouva l'inspiration pour imaginer ses héros, et donner à nos gamins bagarreurs leurs lettres de noblesse.

L'hiver

> *LETTRE A AGATHE*
>
> Morteau, le 30 décembre 1915
>
> *Mon cher Caquet,*
> *Bonne année! Bonne santé! Beaucoup de réussite dans les photos! En 1916, nous verrons la victoire, et nous ferons une noce épatante.* (Courrier d'Élysée à sa sœur Agathe.)

« Lou méchantan », ce n'est pas le grand méchant loup mais l'hiver bien sûr, le « méchant temps » dont la longueur, certaines années, n'est pas sans inquiéter : « Quand l'hiver a une longue tête, il a une longue queue... » Ne pouvant cependant imaginer un hiver sans neige, les anciens se préparent bravement à ses rigueurs en énonçant le dicton : « Année neigeuse, année fructueuse ! »

Décembre doit donc être blanc et froid, puisque « Si décembre est dans la neige, la récolte se protège ». D'autant que déjà l'espoir est de retour, avec le rallongement des jours : « A la Sainte-Luce les jours sont grandis du saut d'une puce, à la Saint-Thomas les jours les plus bas, à l'an neuf les jours sont grandis du pas d'un bœuf. » Le début d'année doit aussi marquer les champs de son empreinte hivernale : « Gelée sur neige en janvier vaut du fumier », ou bien ce n'est que partie remise : « Si l'hiver ne fait son devoir au mois de décembre et janvier, à plus tard il se fera voir dès le début de février. » Mais qu'importe puisque déjà les paysans sont résignés au terrible février, « Février entre les mois le plus court et le moins courtois ». D'ailleurs, ne vaut-il pas mieux « voir un loup dans son troupeau qu'un mois de février beau » ? A nous l'hiver rigoureux, avec ses longues veillées et son cortège de jeux !

Qu'on ne se méprenne pas pourtant, car « Désanbre pran, mé ne ran ran » (Décembre prend, mais ne rend rien) : pour l'homme de la terre, pas de rentrée d'argent l'hiver, et il doit souvent faire appel à toute son ingéniosité pour subsister ! Ainsi naquirent les petits métiers des anciens Comtois qui, obligés de remplacer temporairement leurs activités habituelles par diverses occupations, se lancèrent dans l'horlogerie, la vannerie, la tournerie... Simple question de prudence pour des paysans qui aiment « voir venir » et s'attachent à prévoir : « A la chandeleur, il faut avoir au grenier la moitié de son foin et les deux tiers de sa paille », disait-on le 2 février.

Bien que moins prolifique pendant la mauvaise saison, l'Agathe ne craint pas les engelures pour manier plaques et appareils ! Rayonnant autour de Vers-en-Montagne, elle immortalise d'abord la « fruitière » (p. 104), centre de la vie politique, sociale et économique du village qui prend vie deux fois par jour, au soleil levant et couchant, par les allées et venues des sociétaires. Que de discussions, près d'un demi-siècle avant cette photo, autour du projet de construction de ce sacro-saint bâtiment ! Quittant les gracieuses arches du pont de Latet (p. 106) et la grand-rue boudée par ses frileux riverains (p. 107), l'objectif se braque ensuite sur la petite gare de Vers, devenue plaque tournante importante pour nos bûcherons du Canada (p. 109) ! Que les bœufs, muscles bandés et cornes pointées, continuent de faire glisser les longs fûts sur la neige (p. 111)... Notre photographe s'est déjà embarquée pour le Doubs et sa bonne ville de Morteau, d'où elle ramène de bien glaciales images sur l'extraction de glace de la rivière gelée (p. 112). De retour au pensionnat, ce sont les jeux d'hiver de ses jeunes élèves qu'elle ne veut maintenant plus oublier (pp. 114-115), et puis le gros triangle (p. 116) qui, tiré sous sa propre fenêtre à l'aide de trois paires de bœufs, lui ouvrira la route pour de nouvelles randonnées. Des randonnées cette fois en... traîneau attelé (p. 118), dont les patins, glissant sur la neige, ne

☐ Avec les premiers frimas apparaissent les « oiseaux d'hiver », montreurs d'ours, châtreurs ou « rétameurs ». Ils s'éclipseront au printemps... lorsque arriveront les hirondelles.

couvrent pas le son cristallin des « grelottières » accrochées au harnais.

Au village, la neige dévale déjà des toits en grondant : le soleil aura finalement raison du grand manteau blanc, et qui sait si, dans sa chambre noire, l'Agathe ne prépare pas déjà ses plaques pour les excursions du printemps suivant ?...

LA « TRONCHE » DE NOËL

Il y a trente ou quarante ans, dans presque tous les ménages, on mettait de côté, pour Noël, une grosse bûche de bois dont on avait creusé les flancs et qui s'appelait la tronche. *La veille du saint jour, on apportait cette bûche au foyer et on la laissait, pendant quelques instants, lécher par les flammes. Puis elle était retirée, couverte d'un linge, et les enfants étaient invités à s'approcher, armés de pincettes ou de bâtons. C'était à qui frapperait le plus fort sur la* tronche *pour la faire « accoucher ». Si rien ne s'en échappait, c'était un signe évident que les enfants de la maison n'avaient pas été sages. On les réprimandait au sujet des fautes qu'ils avaient commises et dont ils devaient demander pardon. Quand cet acte de contrition était accompli, à l'écart, dans un coin obscur de la chambre, le dos tourné au foyer pour laisser la maman faire les préparatifs nécessaires, on les ramenait vers la* tronche, *toujours couverte de son linge, et on les invitait à frapper de nouveau et de toutes leurs forces. Cette fois les choses changeaient d'aspect. La couverture soulevée, les bambins trouvaient dessous des noix, des noisettes, des gâteaux, des bonbons et de modestes jouets sur lesquels ils se précipitaient à l'envi en poussant des cris de joie. Au coup de minuit, on remettait au feu cette même bûche de Noël et quand elle était à moitié brûlée, elle était retirée du foyer, puis éteinte et gardée en lieu sûr dans l'armoire ou dans la commode.*

Charles Bauquier
Les Mois
en Franche-Comté

LES TRAVAUX DE « LOU MÉCHANTAN »

Pendant toute l'année, pendant les grands travaux, il a fallu « soigner » (donner à manger au bétail) et traire à la main deux fois par jour. Le lait est porté à la fruitière (fromagerie coopérative) dans des « bouilles à dos » en fer-blanc ou simplement dans un « grillot » (seau).

Il y a trois « tsolets » (chalets) à Andelot. Deux petits : un au village du bas, l'autre en haut, route de Censeau, et un plus gros sur la place, utilisé seul du 1er novembre au 1er juin. Il n'y a pas si longtemps, le fromager allait de ferme en ferme en transportant sa chaudière : chacun avait son « tour de lait ».

Puis l'hiver arrive, le calme revient, le travail est moins dur, le Paul fend et rentre le bois. Le soir on va quelquefois veiller chez les voisins. Les femmes filent la laine, les hommes bricolent ou tillent le chanvre, les jeunes chantent et rient ou tapent les cartes. Il fait bon autour de la cheminée, dehors la neige « trébille » (tourbillonne), la nature s'endort pour de longs mois.

Jean Lamy
Histoire de mon village

□ Pelliculé de glace ou irradié de soleil, l'étang du Pasquier est resté un but de promenade, et ses rives, été comme hiver, sont toujours le rendez-vous des locaux. Il s'agit en fait de la seule importante pièce d'eau de la vallée de l'Angillon, puisque l'« Étang dessus » et l'« Étang dessous », les « deux grands et beaux étangs » mentionnés dans nombre de textes aux temps seigneuriaux et situés entre Le Pasquier, Le Moutoux et Le Latet, avaient déjà été asséchés et mis en culture au moment de la naissance d'Agathe Coutemoine, c'est-à-dire au milieu du XIXe siècle. L'étang du Pasquier, une des dernières réserves naturelles des rives de l'Angillon, où de multiples espèces d'oiseaux trouvent refuge, sera-t-il un jour « aménagé » ?...

CHAMBRE DES DÉPUTÉS
BETAIL

□ *Page de gauche:* Enjambant gaillardement l'Angillon, le pont du Latet, construit en 1811 sur la commune de Vers-en-Montagne. Vers... le nom de ce petit village vient-il de la forme ancienne *vernium* ou *verno-etum*, lieu où poussent les aulnes, ou bien du gaulois *war*, qui signifie «eau» et qui aurait donné «wers» et... Vers? Laissons aux savants leurs querelles byzantines: War, Wers ou Vernium, le village fut en tout cas témoin de bien jolis spectacles.

□ «Cette place a été et sera toujours fort laide, faute de régularité», écrivait-on il y a un siècle. La fameuse place des Tapois est aujourd'hui coupée par la départementale. Brûlé par les Français en août 1639, le village fut à nouveau la proie des flammes le 25 avril 1820, avec trente et une maisons sinistrées. A la fin du XIXe siècle entrait dans les biens communaux «une pompe à incendie manœuvrée par une compagnie de dix-neuf pompiers»... qui, de génération en génération, ont assuré la relève jusqu'à nos jours.

□ *En haut:* Constitué en décembre 1915, le 165ᵉ bataillon fut, à son arrivée en France, absorbé par le Corps forestier canadien, l'effectif de ce dernier étant réparti entre les villages de Supt, Chapois, Andelot et Vers-en-Montagne, Le Moutoux et Le Larderet... Bien étrangers à nos villages, ces hommes étaient des Acadiens originaires de la Nouvelle-Écosse, du Nouveau-Brunswick et de l'île du Prince Édouard.

□ *Au milieu:* Les chevaux sont les compagnons de tous les jours de ces bûcherons par obligation. C'est avec eux qu'ils débardent les bois et transportent planches, bastings et poutrelles jusqu'à la gare de Vers. Dans leur journal de guerre est consigné à la date du 20 mai 1918 le départ pour Rouen de quatorze hommes ayant mission de ramener des chevaux. Le 18 juin de cette même année, deux cent trente-deux chevaux arrivent à La Joux. Une belle cavalerie! Et qui, en hiver, doit consommer une quantité non négligeable de fourrage et de grain...

Cependant, étrangement, nulle part n'est mentionné le moindre problème d'approvisionnement...

□ *En bas:* Est-ce la solitude morale de ces Canadiens qui vivent loin de leur pays et des leurs qui les pousse à se faire « tirer le portrait » en compagnie d'animaux, comme cet officier major du 165ᵉ bataillon du corps expéditionnaire posant en compagnie d'un jeune berger?

□ *Page 109:* Malgré les frasques de certains de leurs compatriotes qui ne manquaient pas d'inquiéter les villageois, les Canadiens français basés à Vers, eux, plaisaient à la plupart avec leurs noms fleurant bon le « vieux pays » et leur accent chantant de l'époque de Louis XV; les sentant plus près d'eux, de nombreux Versois leur trouvaient même des « mœurs douces ». Malgré leurs occupations, les bûcherons trouvaient encore le moyen de se mêler à la population; ainsi le 2 juillet 1917, une équipe du Forestry Corps dispute un match contre l'équipe de Salins-les-Bains... et la bat!

VERS EN MONTAGNE

□ *Page 110:* Crépuscule à Morteau, dans le jardin du Dr Coutemoine, anciennement place Carnot, n° 2. Derrière le portique, on aperçoit la gare et, à droite, le clocher si caractéristique de l'église de Morteau. « Lorsqu'on parle de l'hiver dans la montagne aux gens de la plaine, assure N. Magnin, brr! ils frissonnent et font mine de relever frileusement le col de leur pardessus. Pourtant le climat rigoureux des sommets est plus sec et plus sain que celui des vallées, moins fécond en rhumes et bronchites. »

□ *En haut:* Deux des avantages du débardage en hiver: les animaux peinent moins et ne sont pas gênés par les insectes; les troncs glissent plus facilement sur la couche neigeuse. Les bœufs étaient autrefois souvent préférés aux chevaux pour effectuer cette rude tâche: moins vifs, ils risquaient moins d'abîmer les jeunes pousses de résineux. Aujourd'hui la traction animale, presque totalement abandonnée durant des décennies, revient en force en Franche-Comté. Bien des propriétaires forestiers répugnent à ce que le débardage soit effectué sur leurs terres au moyen d'engins motorisés qui défoncent les sols et ont recours aux chevaux pour effectuer ce travail. Dans le Doubs, plus particulièrement, de jeunes agriculteurs, par passion mais aussi par souci d'économie, emploient des chevaux plutôt que d'acheter un second tracteur. Les chevaux sont d'ailleurs souvent fêtés dans la région. Ainsi organise-t-on à Chaffois (Doubs) des concours de traction, ou à Saint-Maurice-Crillat (Jura) des démonstrations de travaux des champs... « à l'ancienne »!

□ *En bas:* Il a neigé fort sur Vers-en-Montagne, pourtant situé à quelque 610 mètres d'altitude seulement. Malgré la rigueur des hivers, on note au milieu du siècle dernier que « les habitants n'émigrent pas ». Mais ils fument! Si les marchandises sont moins diversifiées qu'aujourd'hui, on trouve cependant au bureau de tabac le « paquet de gris », du tabac à priser et la carotte de feuilles de tabac roulées, délice des chiqueurs. Deux ou trois pipes aussi vraisemblablement (Saint-Claude est proche!), bien qu'il s'agisse encore d'un luxe. Quant aux cigarettes et aux cigares, que ne peuvent s'offrir la majorité des villageois, il est douteux qu'ils fassent partie du stock du buraliste.

□ Avec de pareils hivers, pourquoi fabriquer de la glace ? Il est tellement plus simple de la « récolter » en fin de saison, de la conserver en la recouvrant de sciure — dont on ne manque pas dans le pays ! — et l'été venu, de la livrer aux cafés et aux auberges !
Nous sommes ici près de Morteau qui tient son nom, dit-on, de cette « fantaisie du Doubs qui là immobilise ses eaux : Morte-eau ». Au moyen de gaffes, on tire des blocs de glace de la rivière, que l'on découpe ensuite à la scie en pains relativement faciles à transporter et qui vont être acheminés jusqu'aux caves voûtées de la brasserie Chopard. Fondé en 1833, cet établissement — qui existe encore aujourd'hui — assurera sa réfrigération de la sorte jusqu'en... 1969.
Important centre horloger qui essaime sa production sur les plateaux voisins, le « joli bourg bâti en amphithéâtre sur les bords du Doubs », dont parlaient déjà les voyageurs d'antan, est aussi la capitale des célèbres saucissons de Morteau qu'on fume dans les vastes cheminées des maisons, au feu pétillant et aromatique des genévriers.

□ *Page 113 :* Les cantonniers s'affairent dans la grand-rue de La Chaux-de-Gilley dans le Doubs. Le temps du bitume n'est pas encore venu. Les chemins sont simplement empierrés et les cantonniers doivent souvent s'occuper des nombreux nids de poule qu'ils bouchent avec des cailloux mêlés à de la terre. L'aspect de cette rue n'a guère changé depuis ce temps si ce n'est qu'une cabine téléphonique y a été installée et que, lors de la réfection du clocher, l'horloge a été déplacée vers le bas. A droite de l'église, le « tué » sur le toit est peut-être l'élément le plus caractéristique de l'architecture rurale comtoise : cette grande cheminée en bois, utilisée à la fois comme foyer et fumoir, sert aussi de... « porte » et de moyen d'aération, lorsque d'aventure la maison est ensevelie sous la neige.

□ *Pages précédentes:* Souvent redoutée pour la rigueur qu'elle annonce, la neige est toujours souhaitée par les enfants. Nous sommes dans le parc de l'école Saint-Laurent à Vers, dans le fief de Mlle la Directrice Agathe Coutemoine. L'arrivée récente de la neige, peut-être tombée la nuit dernière, est-elle l'occasion d'une récréation prolongée à la fin de laquelle les pensionnaires rentreront les mains «leur battant»?
Pour dresser le bonhomme de neige (dont il semble qu'on ait fait un chien de neige!), la plupart des jeunes filles ont délaissé chaussures ou bottines pour enfiler une bonne vieille paire de sabots: c'est que la neige brûle le cuir, même bien ciré...

□ *En haut:* Il ne faut pas moins de trois paires de bœufs pour tirer le «triangle», chasse-neige performant mais fort lent. Même dans les villages, tous n'ont pas la chance que le chemin passant devant leur porte soit «ouvert». Et pour beaucoup, une partie de l'hiver se passe à jouer de la pelle, à maintenir praticables les passages indispensables. Hors des villages et plus particulièrement «dans le Haut», bien des fermes demeurent isolées durant des semaines, voire des mois, d'où l'on ne peut parfois sortir que par le «tué». Là, l'hiver est long, passé qu'il est à bricoler à la lueur d'une lampe à huile ou à pétrole. C'est aussi ce qui a décidé de l'éclectisme et du savoir-faire du paysan haut-jurassien qui, la neige venue, se tourne pour subsister vers d'autres occupations, vannerie, horlogerie, menuiserie...

□ *En bas:* En hiver, le chemin de fer est pour les plateaux comtois un instrument de désenclavement. Il circule encore lorsque voitures et attelages, du fait des routes impraticables, ne peuvent plus effectuer de long trajets. En cela, il limite l'isolement des villes et des villages, et permet à l'activité économique de ne pas se mettre en sommeil durant la mauvaise saison. «Le chemin de fer avait tué le roulage, remarque Magnin. On installait le téléphone à côté du télégraphe, et les villages commençaient à s'éclairer à l'électricité.» Non, décidément, la neige n'arrêtera plus le progrès...

□ Difficile pour une locomotive de se frayer un chemin à coups de chasse-neige, et d'amener son convoi à l'heure en gare de Morteau ! En hiver, les correspondances sont souvent assurées de justesse. Les voyageurs ont à peine le temps de sauter d'un wagon à un autre. Les premiers montés se regroupent autour du poêle à charbon placé au centre de la voiture, et dont le tuyau passe à travers le toit. Les conversations vont bon train, car tous se connaissent et rares sont les « ratrais », les étrangers. Familial ou presque, le convoi qui crache sa fumée noire au-dessus de la Franche-Comté enneigée !

« Tout est voiturier dans ce pays, c'est même la principale ressource des particuliers », peut-on relever dans un texte datant du XVIIIe siècle. Et de fait, atteler est une tradition fort ancienne en Franche-Comté. Des siècles durant, les célèbres « rouliers » du Grandvaux ont sillonné la France à côté de leurs attelages, le fouet en travers des épaules, seulement attentifs à la fatigue de leur cheval qui représentait une bonne part de leur capital. Fuyant pour la durée de l'hiver montagnes et hauts plateaux où la rudesse du climat ne leur permettait plus de gagner leur pitance, ils louaient leurs services et ceux de leur attelage pour livrer du fromage de Comté en Normandie ou dans le Languedoc, pour transporter une marchandise ou une autre ici ou là. Dès le printemps, ils regagnaient le pays...

☐ Malgré les apparences, notre meneur de traîneau n'est pas un Russe courant la taïga ! C'est un bon Comtois qui a immobilisé son cheval pour la photo, là-haut sur nos plateaux. Quant au couple soigneusement emmitouflé, il ne peut s'agir que de simples promeneurs, désireux de goûter au soleil sur la neige, au son des grelots de leur attelage.

☐ *Page 119:* Des résineux moins fragiles qu'aujourd'hui ? Voire ! Car voici ce qu'on pouvait lire le 16 février 1908 dans l'hebdomadaire local, sous la plume de M. Bazaille, conservateur des Eaux et Forêts : « L'épicéa dans la montagne est attaqué par diverses espèces de bostryches [...]. Il ne restera bientôt plus un épicéa, si l'on ne prend rapidement les mesures de protection nécessaires. »

□ En attelage ou à pied, la Comté demeure la lisière d'une grande patrie sylvestre. Ainsi l'écrivain Pierre Gascar, Comtois de cœur, s'est-il amusé à calculer qu'« en sortant par la porte de derrière de ma maison du Jura, je pourrais atteindre la Transylvanie sans trop quitter le sous-bois »...
Sombre et parfois inquiétante province, mais province mal connue aussi, qui faisait écrire à N. Magnin au lendemain de la Grande Guerre : « Au voyageur distrait, la Comté peut paraître monotone dans son austérité rude, comme les hommes de personnalité trempée, qui ne se livrent pas à tout venant, paraissent ennuyeux aux observateurs superficiels. »
De son côté, Sequanio, alias Eugène Rougebief, s'exclamait : « Quoi, la Franche-Comté a mis au monde un écrivain comme Charles Nodier, un poète comme Victor Hugo, un artiste comme Gigoux, et ces montagnes-ci ne sont pas connues de tous les voyageurs ! Vraiment j'en veux à ces trois illustres Francs-Comtois de ne pas avoir popularisé leur contrée comme Walter Scott la sienne. »
A ces noms prestigieux, Sequanio aurait pu ajouter, entre autres, Rouget de Lisle et un bon nombre de généraux d'Empire, mais il ne pouvait deviner que Pasteur, enfant du Pays, deviendrait célèbre en 1885 ! Ni, encore plus récemment, que le romancier Bernard Clavel puiserait une telle force d'inspiration dans les « colonnes du ciel » de ses forêts... et que l'Agathe y aurait glané tant d'images du passé, au fil des saisons !

ANFARE
DE
HOTEL de la GUIMBARDE
et du COMMERCE réunis

Les portraits

Qui sont-ils, ces visages du temps retrouvé ? En feuilletant les centaines de portraits soigneusement archivés par la photographe et soudain remis au jour, certains Versois ont parfois mis un nom sur une silhouette, un costume, une attitude ou un sourire. Et qui de reconnaître un camarade de classe depuis longtemps oublié (Louis Jouhant, p. 125), des conscrits aujourd'hui pour la plupart disparus (Gabriel Tribut, Robert Putod, Paul Richerateau et Henri Darbon, p. 132), des frères et sœurs dispersés (Angèle et Georgette Putod, p. 133), un bébé qui a déjà fait sa vie (le baptême de l'enfant Bousson, p. 134) ou un ancêtre reposant depuis tant d'années au cimetière paroissial (Joseph Perrard, p. 143). Et combien d'autres villageois appartenant à de vieilles familles versoises — Gindre, Reverchon-Germain, Hugon, Tréant, Pernet ou Thouveret... — auraient pu reconnaître un aïeul, s'ils en avaient, enfants, pu observer les traits ?

□ « Le Franc-Comtois a l'esprit vif, la répartie facile, il aime assez à rire au détriment de ses semblables... »

LETTRE A AGATHE

Port-Lesney, le 17 mars 1923

J'ai bien reçu mes photos. Merci! Elles sont épatantes. Stop est superbe. J'ai donné son image à la famille Poilevey qui a été très surprise. Marcelle.

Mais à quoi bon nommer, puisque l'Agathe elle-même ne semblait s'en soucier ? Méticuleusement serrés dans leurs boîtes d'origine, les négatifs sur verre s'empilaient au gré des séances de pose, les vieux mêlés aux jeunes, les communiantes aux veufs et les bourgeois aux paysans. Pas une inscription, pas une date et pas un prénom sur ces images qui témoignent seulement de la vie, à cheval sur deux extrémités de siècles, de tous ces individus, notables ou inconnus, venus se faire « tirer le portrait » chez l'originale du pays, celle qui était « mariée avec la photographie ».

Les beaux jours venus, c'est le dimanche après l'office que défilaient les villageois, raides dans leurs beaux habits et seulement attentifs, pour la qualité du souvenir, à se plier de bonne grâce aux instructions de l'opératrice. Et l'Agathe installait des bancs, glissait un tapis sous des bottines cirées (p. 133) ou tirait devant un coin de façade une tenture cache-misère... A moins qu'elle n'ait choisi de faire défiler ses modèles devant un de ces fonds peints fort en vogue à l'époque (p. 129), maladroits badigeons au classicisme indiscutable. Les noces s'ordonnaient savamment dans les règles de l'art (p. 136), les enfants se regroupaient gauchement autour du chef de famille (p. 134), on disposait les uns en pyramide (p. 128), les autres en rang d'oignons (p. 147) et si, dans un couple, la femme était un peu petite, on recourait à d'utiles artifices, comme de glisser sous ses pieds une caisse surélevée ! Recadrée au tirage, l'image ne serait-elle pas celle parfaite, d'un couple équilibré ?

Disposant de tout un arsenal d'accessoires les plus diversifiés, Agathe Coutemoine les soumettait généralement à ses modèles, qui se donnaient ainsi une contenance tout en rajoutant au cliché ce « petit quelque chose » alors si recherché. Ainsi confiait-on aux petits garçons un cerceau ou — suprême honneur ! — une carabine qu'ils brandissaient alors comme le saint sacrement, aux petites filles une poupée de cire ou un virginal bouquet de fleurs des champs (pp. 126-127). Sans toujours accepter de se séparer de leurs inévitables chapeaux (pp. 141 et 142), les femmes choisissaient l'accessoire le plus en rapport avec leur personnalité, sérieux journal pour l'une ou champêtre rameau pour l'autre (p. 133), tandis que les hommes préféraient conserver pipe ou cigarette roulée (pp. 130 et 144), attributs incontestés de leur virilité ! D'autres encore ne se seraient pas laissés photographier sans ce qu'il convenait de montrer aux personnes à qui était destiné le cliché : magnifiques chiens de chasse pour notre jeune berger en sabots (p. 125), minuscule bâtard « sachant faire le beau » pour le petit bourgeois endimanché (p. 126), canne, gants et canotier pour Jean Rameaux, le futur bachelier (p. 137), bicyclette flambant neuve pour l'élégante au sac de cuir (p. 145), décidément très à la page.

Pour un mariage ou une noce d'or (p. 136), une communion ou un baptême, un simple portrait souvenir ou une photographie de famille destinée au mari, parti au loin dans les tranchées (p. 134), pour saluer un jeu d'enfants (le baptême de la poupée, p. 128) ou un retour amer (p. 138), on va frapper chez l'Agathe comme on pousse aujourd'hui la porte d'un studio. Le moment d'une pose, on tâchait d'oublier menus problèmes ou gros soucis, joies secrètes, peines cachées, espoirs ou découragements; on regardait sans vraiment la voir la haute silhouette de la photographe ou, au loin, la mince barrière qu'elle recommandait de fixer, et on retenait même un peu sa respiration, pour éviter le bougé. Le temps que l'Agathe impressionne sa plaque, et remette bientôt à l'intéressé — qui, « pour ne pas être en reste », lui glissait aussitôt douze œufs ou un petit pâté — un de ces émouvants clichés qu'il nous est encore donné de contempler...

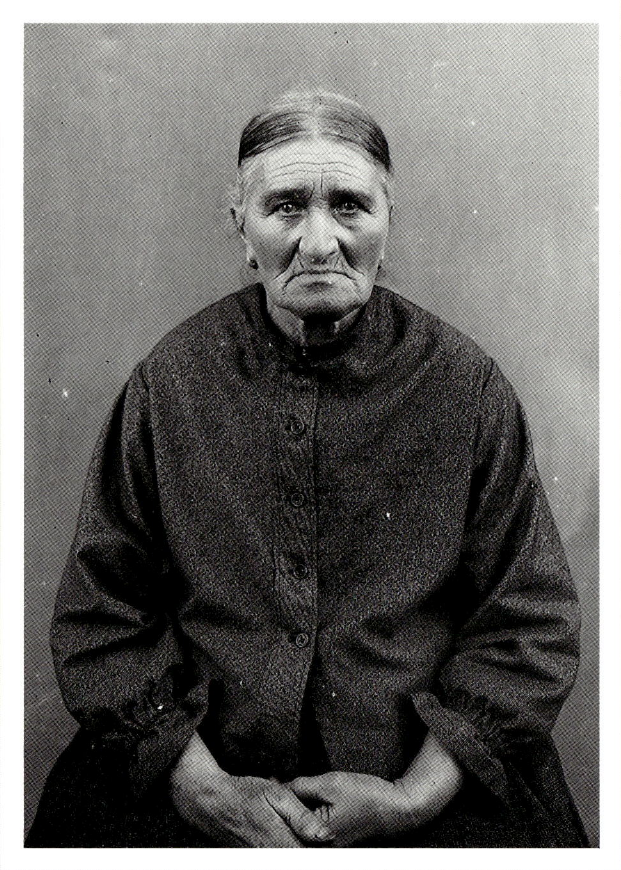

Agathe Coutemoine

PHOTOGRAPHE

ESSAI DE RECONSTITUTION
DE LA VIE
D'UNE PHOTOGRAPHE
DU DÉBUT DU SIÈCLE

Qu'ajouter de plus à la précision de cet acte officiel, rendant compte avec la grande minutie administrative du XIXe siècle de la venue au monde, ce 28 mars 1867, du cinquième rejeton d'Abel Coutemoine ? Qui d'ailleurs aurait soupçonné dans cette enfant tardive — et dont la conception n'était probablement pas souhaitée par des parents déjà largement comblés par la naissance de deux garçons et de deux filles — la destinée hors du commun qui devait être celle de la petite Agathe Clarisse ?

« L'AN 1867... »

« L'An mille huit cent soixante-sept, le vingt-huitième jour du mois de mars, à deux heures du soir, M. le Maire empêché, par-devant nous Félix Gindre, adjoint, officier de l'état civil de la commune de Vers-en-Montagne, canton de Champagnole, arrondissement de Poligny, département du Jura, est comparu Abel Coutemoine, âgé de trente huit ans, notaire, domicilié à Vers-en-Montagne, lequel nous a présenté un enfant du sexe féminin, né ce présent jour à sept heures du matin, de lui déclarant en sa maison à Vers et de Louise Stéphanie Anna Girod, âgée de trente-cinq ans, sans profession, domiciliée à Vers, son épouse, et auquel il a déclaré vouloir donner les prénoms de Clarisse Agathe ; lesdites déclarations et présentations faites en présence de Ferdinand David, âgé de vingt-neuf ans, instituteur et de Pierre Pernet, âgé de quarante-deux ans, cultivateur, tous deux domiciliés à Vers-en-Montagne, et ont les père et témoins signé avec nous le présent acte de naissance après qu'il leur en a été fait lecture. »

Nom : Coutemoine

Prénom : Agathe

Date de naissance : 28 mars 1867

Adresse : Vers-en-Montagne, Jura

Situation : célibataire

Profession : directrice du pensionnat Saint-Laurent à Vers

Passion : la photographie

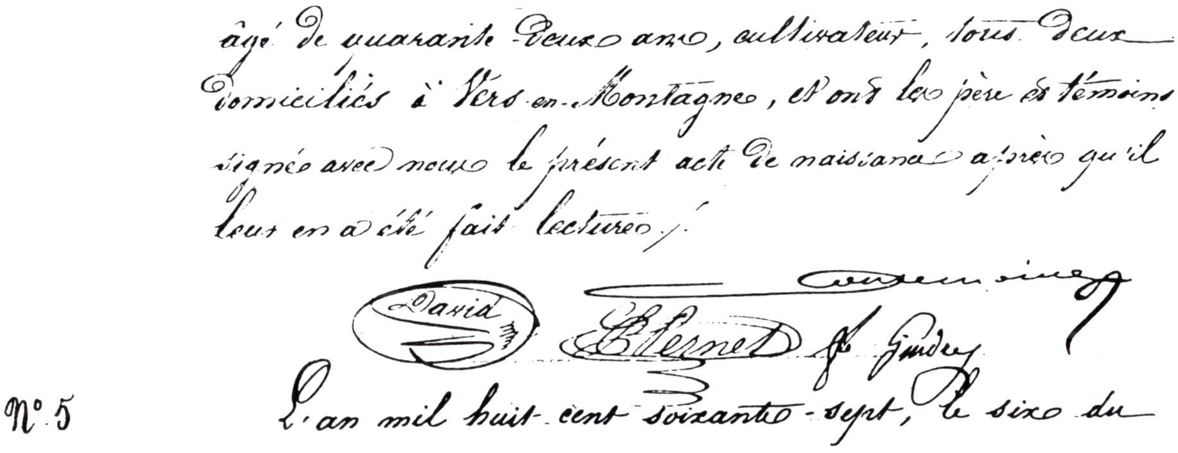
âgé de quarante-deux ans, cultivateur, tous deux
domiciliés à Vers-en-Montagne, et ont les père et témoins
signé avec nous le présent acte de naissance après qu'il
leur en a été fait lecture.
David — PPernet — Coutemoine — F. Gindre
N° 5
L'an mil huit cent soixante-sept, le six du

Henry
COUTEMOINE
○ *28-9-1757*
à Saint-Laurent-en-Gdx
† *23-7-1819*
à Lons-le-Saunier
Domestique puis
Marchand de vins

Marie-Julie
BAILLY
○ *26-1-1753 à Uxelles*
† *20-2-1820*
à Lons-le-Saunier
Domestique puis
Négociante
puis Propriétaire

12-8-1788
à Lons-le-Saunier

Pierre-Joseph
BÉNIER
○ *25-12-1760*
à St-Pierre-en-Gdx
† *23-1-1832 à Lons*
Garçon cloûtier puis
Marchand de vins
puis Propriétaire

Jeanne-Antoinette
MAGNENOT
○ *env. 1756*
à Sellières
† *6-1-1833*
à Lons-le-Saunier
Domestique puis
Propriétaire

4-2-1788
à Lons-le-Saunier

Claude François
COUTEMOINE
○ *11-8-1791*
à Lons-le-Saunier
† *14-8-1850*
à Lons-le-Saunier
Commis à la Direction
des Domaines,
Propriétaire, puis
Vérificateur de
l'enregistrement
des Domaines

Anne-Marie
BÉNIER
○ *25-1-1791*
† *16-7-1846*
à Lons-le-Saunier
Propriétaire - S.P.

26-5-1813
à Lons-le-Saunier

Abel
COUTEMOINE
○ *5-4-1829*
à Lons-le-Saunier
† *4-7-1904*
à Vers-en-Montagne
Rentier puis
Propriétaire (Lons)
puis Notaire (Vers),
Maire de Vers-en-Montagne
de 1862 à 1870

24-10-18

Lucien, *Élisée*
COUTEMOINE
○ *11-12-1854*
à Lons-le-Saunier
† *11-8-1924*
à Morteau (25)
Officier d'Académie,
Docteur en médecine
à Morteau

Sans postérité

Anne-Marie,
Émilie
VUILLAUME
○ *6-04-1861*
à Montbenoît (25)
† *5-06-1951*
à Morteau (25)
Sans profession

Édouard,
Amédée
COUTEMOINE
○ *8-10-1856*
" Vers-en-Montagne
† *17-1-1895*
à Vers-en-Montagne
Clerc de notaire
puis Notaire
Célibataire

Maurice, Félix,
PETING
de PAGNOZ
○ *5-12-1845*
à Besançon (25)
† *7-1-1915*
à Port-Lesney
Propriétaire

5-8-1905
Sans postérité

Anne, Olympe,
Mathilde
COUTEMOINE
○ *24-3-1859*
à Vers-en-Montagne
† *14-11-1922*
à Port-Lesney
Sans profession

Valérie
RAMEAUX
○ *20-3-1954*
*à Paris 12e*
Professeur

○○ Renaud
BELLEMÈRE

Anaïs
○ *14-3-1981*

Yohan
○ *3-6-1984*

Constance
RAMEAUX
○ *28-3-1957*
à Neuilly (92)
Journaliste

○○ Jean-François
BALLEREAU

Vincent
RAMEAUX
○ *29-11-1960*
à Neuilly (92)
Kiné

Fidel Emmanuel
GIROD
○ *11-7-1755*
† *14-10-1827*
à Mignovillard
Cultivateur,
Marchand

Marie-Françoise
Thérèse
CARREZ
○ *13-2-1778*
† *22-7-1851*
à Mignovillard
Cultivatrice,
Propriétaire

Claude Éloi
PAILLARD
○ *6-6-1765*
à Métabief (25)
† *7-12-1832*
à Métabief
Docteur en médecine

Agathe
VINCENT
○ *2-2-1780*
à Jougne (25)
† *1-8-1811*
à Métabief
Sans profession

19 prairial an X (1802)
à Mignovillard

env. 1800

Michel, Lucien
GIROD
○ *2 pluviose an XII*
(23-1-1804)
† *19-12-1872*
à Mignovillard
Propriétaire, Cultivateur,
Maire de 1829 à 1832

Olympe
PAILLARD
○ *18-9-1806*
à Métabief (25)
† *17-5-1855*
à Mignovillard
Cultivatrice,
Propriétaire

12-5-1829
à Métabief (25)

Louise, Stéphanie,
Anna, Félicité
GIROD
○ *28-1-1832*
à Mignovillard
† *1-1-1883*
à Vers-en-Montagne
Sans profession

Anne,
Marie-Louise
COUTEMOINE
○ *27-2-1861*
à Vers-en-Montagne
† *19-4-1931*
à Romainville (93)
Sans profession

gnovillard

Louis, Urbain
RAMEAUX

○ *5-5-1864*
à Desnes
† *28-3-1910*
à Morez
Secrétaire de mairie
à Morez

Agathe,
Clarisse
COUTEMOINE
○ *28-3-1867*
à Vers-en-Montagne
† *1-3-1931*
à Vers-en-Montagne
Directrice
pensionnat à Vers
Célibataire

14-5-1894
à Desnes

Marie, Clotilde
Agathe
RAMEAUX
(enfant naturelle)
○ *21-5-1892*
à Desnes
† *1-11-1963*
à Paris 20ᵉ
Réceptionniste
Célibataire

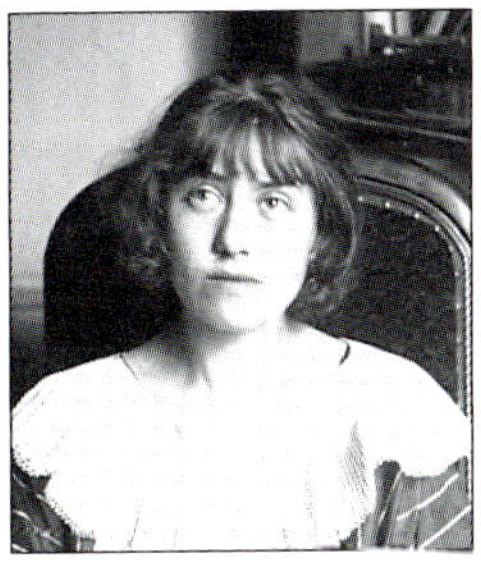

Yves
RAMEAUX
○ *18-9-1932*
à Paris 9ᵉ
Médecin

× *le 18-9-1953 à:*

Michelle
LADAME
○ *12-10-1931*
à La Hardoye (08)

Jean, Abel
RAMEAUX
○ *8-7-1895*
à Morez
† *21-5-1968*
à Paris
Médecin

10-8-1922

Noéma, *Renée*
VAREILLE
○ *23-01-1899*
à Angoulême (16)
Médecin

Généalogie ascendante et descendante
d'Agathe COUTEMOINE
(8 générations)
née et décédée à Vers-en-Montagne
(Jura).

« ELLE ÉTAIT MARIÉE AVEC LA PHOTOGRAPHIE ! »

Cinquante-six ans après la disparition de « l'Agathe », bien des souvenirs se sont émoussés, et rares sont les Anciens qui peuvent encore parler de « Mademoiselle Coutemoine ». Septuagénaires ou octogénaires, certains pourtant ont toujours en mémoire cette « figure » versoise, véritable personnage qui a fait partie du théâtre de leur enfance ou de leur adolescence. Ainsi pour Renée Rameaux, née Vareille,

Photo Yves Rameaux.

nièce par alliance de la photographe et qui, à quatre-vingt-huit ans, se souvient :

« Agathe Coutemoine ? Oh, elle différait terriblement de ses deux aînées, Mathilde et Anne, qui étaient aussi effacées que le voulait l'époque ! Oui, elle se démarquait vraiment du reste de la famille, mais ce n'était pas seulement une originale... Elle faisait preuve de qualités foudroyantes, entrepreneuse, organisatrice, et avec ça toujours gaie et bourrée d'humour.
Physiquement, « la tante » était de belle taille, et les longues excursions ne lui faisaient pas peur... A la fin de sa vie, elle marchait en s'aidant d'une haute canne et, bien que coiffée d'une couronne de cheveux blancs, il était difficile de la suivre ! Elle portait aussi de grandes chaussures, de très grandes chaussures, dont le bout remontait en permanence.
Très catholique pratiquante, elle avait préféré le célibat. D'ailleurs, elle était mariée avec la photographie ! »

Quelques extraits de différentes correspondances de la photographe à sa sœur Mathilde, qui viennent montrer que « l'Agathe » n'avait pas, loin s'en faut, la langue dans la poche !

Vers, le 29 octobre 1917
« Je me dispose à partir demain matin pour Lons afin d'y découvrir de la boustifaille, pâtes, pois, lentilles. (...) Je n'ai pas de nouvelle de mon pépin, sans doute il n'a pas été perdu pour tout le monde. »

Agathe

Vers, le ?
« Impossible d'obtenir une pièce nécessaire (expédition du jugement d'Arbois) pour expulser mes sal... J'ai déjà envoyé deux dépêches et... pas de réponse. Quelles nouilles que ces gens de justice !... C'est à croire qu'ils sont payés par le macaque Roy pour ne pas bouger. »

Agathe

Vers, le ?
« La vieille Aline Richerateaux est en train de mourir. Elle a gobé la grippe et le cœur breloque. A 80 ans, il est permis d'aller voir le Père Éternel. »

Agathe

Vers, le ?
« Hier, j'ai régalé mes amis car j'avais la langue bien chargée. Cela m'a fait du bien. Je ne sais quand j'irai te voir, ayant un train-train impossible maintenant. Enfin, si le mauvais temps continuait, je m'embarquerais. Quoi qu'il en aille, ne te fais pas de bile (style militaire) et ne te fatigue pas. »

Agathe

Agathe Coutemoine

AU FIL DE SA PLUME

Il est particulièrement intéressant pour le graphologue de découvrir, dans cette écriture du début du siècle à tendance masculine au premier abord, la personnalité d'une femme sentimentale et pleine d'humour. Une «battante», certes, pour employer un mot actuel, mais aussi une nature à fortes pulsions affectives et émotives. L'étude des lignes serpentines, des différentes inégalités dans la pression et les mots, des déformations de certaines lettres, nous permettent de comprendre l'ambivalence profonde de l'auteur, sa sensibilité dissimulée sous une attitude bourrue digne d'un majordome — et ce ne sont pas ses portraits qui nous contrediront.

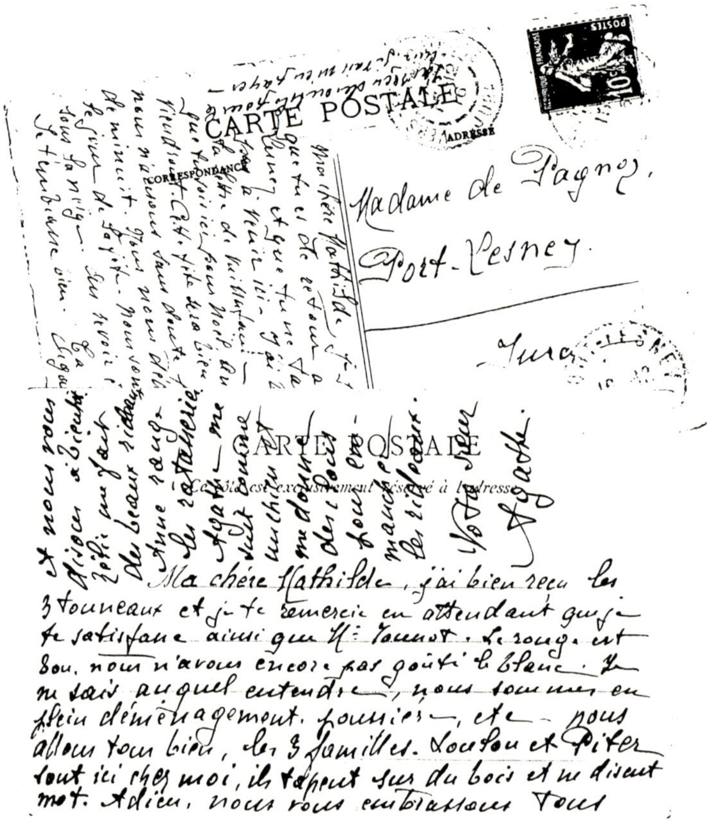
CARTE POSTALE

CORRESPONDANCE

ADRESSE

Madame de Pagnez,
Port-Vesney

CARTE POSTALE

Ce côté est exclusivement réservé à l'adresse

Ma chère Mathilde, j'ai bien reçu les
3 tonneaux et je te remercie en attendant que je
te satisfasse ainsi que M. Jounot. Le rouge est
bon, nous n'avons encore pas goûté le blanc. Je
ne sais auquel entendre, nous sommes en
plein déménagement, poussière, etc — nous
allons tous bien, les 3 familles. Loulou et Piter
tout ici chez moi, ils tapent sur du bois et ne disent
mot. Adieu, nous nous embrassons tous

Il est aisé d'en déduire qu'Agathe Coutemoine fut, pour le moins, une originale. A cette époque, l'éducation stricte imprimait aux graphismes féminins des classes aisées un aspect courbe, plutôt grand, lent, monotone, avec des lettres impersonnelles, c'est-à-dire les plus proches possible d'un modèle imposé, très reliées entre elles et fortement accrochées sur la ligne de base. Le rôle des «bourgeoises» consistait à occuper un rang social sans laisser transparaître quoi que ce soit de leur sensibilité propre. Leur graphisme reflétait donc cette façade conventionnelle.

Or l'écriture d'Agathe ne répond, elle, à presque aucun des critères de son temps. Elle consiste en une succession de traits droits, donc masculins, phalliques, en opposition avec le trait courbe, féminin, matriciel. Les angles appuyés, incisifs, piquent avec fermeté la ligne de base; les caractères ne sont pas — ou très peu — reliés entre eux. La scriptrice n'épouse aucun des préjugés de ses contemporains. Elle mène sa vie à sa manière, sans se laisser enfermer dans le carcan de son éducation. Chaque acte de sa vie relève d'une autonomie relativement oppositionniste, mais également volontaire et responsable.

Il est évident qu'il y a chez la photographe un côté masculin qui la pousse à s'investir dans l'action, qui l'aide surtout à trouver des motivations à ses activités multiples. Son comportement est une sorte de contre-pied à toute faiblesse qui risquerait de l'influencer.

L'ensemble du tracé se veut dépouillé de tout trait inutile pour viser directement à l'efficience. Nous possédons peu de documents datant de sa prime jeunesse. Dans ceux dont nous disposons, écrits autour de la cinquantaine, le mouvement ferme et rapide indique une femme déterminée, énergique, à la volonté tenace et décidée à mener à bien ses objectifs. Ses pleins appuyés, ses « m » anguleux, ses « s » grossis dans certaines circonstances, trahissent une forte autorité qui ne tient pas à être remise en question. Cette autorité s'ex tériorise facilement par un comportement un peu despote sur l'entourage, et génère des décisions en coup de fouet qui s'affirment dans des agissements très personnalisés. Son attitude est rarement conciliante. En réalité, Agathe Coutemoine ne veut surtout pas se laisser influencer par quoi que ce soit. Orgueilleuse à sa manière, elle entend décider de tout, et même de la conduite de ses sentiments, en s'ap-

puyant essentiellement sur sa force d'action. Elle affecte même une verdeur de propos, devenue à la longue naturelle, et qui va de pair avec le personnage qu'elle s'est façonné.
Car Mademoiselle la Directrice du Pensionnat de Vers n'est pas d'une trempe ordinaire. Elle n'accepte d'être dominée ni par les autres, ni par les événements, ce qui explique peut-être, entre autres, qu'elle soit restée vieille fille. A cinquante ans, elle est probablement encore vierge, et les choses de l'amour ne tiennent pas beaucoup de place dans sa vie: elle a même choisi de les oublier. Mais Agathe a été jeune, elle a rêvé bien sûr, et garde certainement de la rancœur contre ce passé qui ne l'a pas gâtée sentimentalement même si elle masque cette frustration par une certaine désinvolture.

Elle souffrira toute sa vie d'une susceptibilité de comparaison sur le plan féminin, sans cesse aiguillonnée par le contact avec ses deux sœurs. Mathilde et Anne sont mariées, cette dernière est mère de famille. Agathe aurait aimé fonder un foyer, ses «D» majuscules en forme de «A» typographiques nous en révèlent le regret. Mais, comme elle ne s'avoue jamais vaincue, et parce que son besoin d'activité s'y prête, elle a noyé le problème dans son choix professionnel.

Elle aurait voulu connaître l'amour, ce que trahissent ses «b» gonflés sur la ligne de base, mais repliés sur eux-mêmes. L'inclinaison de l'écriture à droite — très prononcée — en opposition avec les jambages en recul, jointe à la rapidité nerveuse du mouvement, dénonce une sorte de fuite devant des souvenirs qu'elle refuse. Les hampes dépouillées, réduites souvent à l'état de bâtons, indiquent la frustration affective. Le choix conscient d'une réalité tangible en lieu et place des aspirations romanesques ne s'est pas fait sans souffrance. Même si Agathe assume à plein temps son rôle viril, il lui est parfois pénible. Il plane par instant le regret de la présence d'un homme au cœur de sa vie. Elle garde d'ailleurs, dans un recoin caché, un grand amour pour son père, dont elle semble avoir embelli l'image au cours des ans. Parfois même elle s'y identifie dans la prise de ses responsabilités.

La pleine utilisation de l'espace sur les cartes postales peut se comparer à celui qu'elle fait de son temps. Elle le remplit par mille occupations différentes. Mais elle aime aussi très fort échanger avec ceux qu'elle aime. Les rajouts dans les moindres espaces restés libres nous indiquent ses difficultés à couper le contact.

La possibilité d'avoir toujours ceux à qui elle est attachée autour d'elle, sous forme d'images — possibilité totalement neuve, ne l'oublions pas — a-t-elle été la motivation première de son amour pour la photo? C'est tout à fait possible, bien qu'une vocation purement artistique chez celle qui fut sans doute une des premières photographes femmes du monde par l'importance de son œuvre ne soit pas à écarter. Mais celle-ci est presque uniquement centrée sur son entourage immédiat, comme si sa principale préoccupation avait été de reproduire seulement ce qui l'entourait. Pour cela, et pour d'autres raisons, nous aurions tendance à y voir la manifestation d'une volonté de domination sur les autres et sur les événements, par l'intermédiaire d'un procédé quasi magique, le tout servi par un sens remarquable de la composition.

Car le graphisme d'Agathe Coutemoine ne possède pas le velouté du peintre ni l'imagination de l'artiste, même si on y décèle sensorialité et réceptivité. Les lettres, jetées rapidement sur le papier, juxtaposées, se succèdent les unes derrière les autres comme un défilé d'images différentes. L'orientation très prononcée de son écriture nous prouve son besoin d'aller à la rencontre du futur, même si ce comportement est une réaction envers le passé. Cette marche en avant, accompagnée de traits rapides, nous livre sa vivacité intellectuelle, sa curiosité qui la pousse à se tourner vers de nouvelles acquisitions, ou de nouvelles techniques, à condition cependant de pouvoir les maîtriser et les rendre opérationnelles. Car Agathe est prudente et très réaliste. Même si elle hasarde une antenne au-delà des frontières de son monde, elle ne s'y aventure pas. Son besoin de dominer la situation est plus important que son esprit de découverte.

D'un autre côté, l'utilisation d'un appareil photographique lui donne l'occasion d'exercer ses tendances arbitraires sur un entourage émerveillé tout résigné à se plier à de longues séances de pose. L'autorité que lui confère ce rôle hors du commun lui permet également de se démarquer positivement et contribue sans doute à son attachement à cette passion débutante. Dans son tracé, eu égard aux écritures de son temps, il n'y a guère de traits inutiles. Seul, le dernier jambage du «M» plongeant semble sacrifier aux conventions, bien qu'il soit toujours suivi d'une virgule démesurée, ou d'une lettre surhaussée par un mouvement encadrant le nom propre. Ce petit détail graphologique nous montre clairement sous quel angle elle se place maintenant dans ses rapports avec les autres. Son poste à part d'observateur lui permet d'exercer en toute liberté son esprit critique et son humour mordant.

En dehors de son sens artistique de l'occupation de l'espace, l'œuvre d'Agathe Coutemoine est dominée par l'intérêt — ou l'attachement — qu'elle porte aux choses qui passent et changent: les saisons, les gens. La photographie est-elle sa manière d'exprimer une sensibilité dont elle se défend? Ou bien relève-t-elle de l'impérieux désir de régir les autres à sa manière, mais de régir surtout ce destin dont «l'Agathe» n'a pas pu tenir les ficelles au départ... et sur lequel elle prend ainsi une triomphante revanche?

Colette Jannot
Psychographologue

UN LABO AU DÉBUT DU SIÈCLE

Quatre appareils de prise de vues, une petite malle remplie de matériel de développement et quelques piles poussiéreuses de vieux numéros de *Photo-Revue*... Hormis ces précieuses découvertes, fort peu d'éléments en fait permettent de reconstituer la façon selon laquelle travaillait exactement Agathe Coutemoine à l'aube du XXe siècle. Seule certitude: la photographie relevait d'une procédure beaucoup plus complexe et requérait bien plus d'expérience et de savoir-faire qu'à l'ère de l'électronique. Pour ne donner que quelques exemples: les surfaces sensibles étaient extrêmement moins tolérantes qu'aujourd'hui, les appareils ne présentaient évidemment aucun automatisme, et les laboratoires de traitement extérieurs restaient à inventer...

Aux alentours de 1890 — datation vraisemblable des premiers clichés —, «l'Agathe» devait se procurer ses plaques sensibles, son papier et ses produits chimiques (ce qui ne devait pas toujours aller sans poser quelques problèmes d'approvisionnement, témoin cette carte postale adressée à la photographe et portant la simple inscription: «Impossible trouver papier 18 × 24. Regrets»)... Une fois le matériel en main, force lui était bien de se débrouiller... avec l'aide des seules recettes magiques distribuées par *Photo-Revue,* l'ancêtre de notre bien connu magazine auquel la demoiselle Coutemoine était abonnée — et dont la lecture était alors aussi technique que rébarbative. Que de travail et de détermination pour une jeune femme isolée dans un village comptant alors plus de vaches que d'habitants!

☐ Panoram-Kodak, appareil panoramique à objectif pivotant pendant la prise de vue, et balayant un angle de 140° environ. L'utilisation de bobines spéciales de pellicule souple permettait de prendre quatre vues de 8,5×30 cm. Bois recouvert de cuir noir. Usage du pied indispensable. Appareil disponible en France dès 1899.

L'opératrice s'enfermait donc dans son laboratoire où elle disposait (d'après les découvertes du grenier) d'un matériel simple et classique, mais tout à fait satisfaisant pour l'époque qui n'en était pas encore au stade de la sophistication. Ainsi manipulait-elle de petites lanternes rouges — à bougies, puis électriques —, des cuvettes en porcelaine ou en métal émaillé blanc, et des séchoirs de plaques, pour le traitement des négatifs sur verre.
Pour le tirage des positifs stéréo, la photographe utilisait des châssis inverseurs et, pour les papiers, de grossiers châssis-presses pour exposer les « chlorures » au soleil, avant un simple fixage : faute d'agrandisseur, on se contentait alors de tirages-contact, et jamais « l'Agathe » n'eut donc l'occasion de contempler ses clichés — dont nombre d'entre eux parurent sous forme de cartes postales — dans le format utilisé pour les présenter dans cet ouvrage !

Pour ce qui est du matériel de prise de vues, quatre appareils seulement ont été retrouvés : une chambre de voyage « Caquet » — d'où le surnom parfois donné à la photographe ! — de format 10×15 cm, un Panoramique Kodak (8,5×30 cm), un Folding stéréo pliant permettant de prendre soit un couple stéréostopique de deux images 6×6 cm, soit une vue panoramique 6×13, et un autre stéréo 6×13. (Sur la photo de la page 34, c'est vraisemblablement un de ces « stéréos » que doit contenir le sac du jeune neveu Jean, réceptacle qui laissait toujours de la place pour des châssis ou un magasin supplémentaires, donnant une autonomie de 12 à 24 clichés). Les appareils qui ont permis de réaliser la majorité des clichés en 9×12 et 6 et demi × 9 ont donc disparu, probablement suite à la dernière occupation allemande, ou à divers remaniements du grenier.

Quant à l'excellent état de la plupart des négatifs sur verre, impeccables après un sommeil de soixante à quatre-vingt-dix années, il ne peut être dû qu'à la perfection de leur traitement par l'opératrice. Le climat, très sain, des plateaux jurassiens y est peut-être aussi pour quelque chose !

N. de l'auteur. Cette dernière partie n'a pu être réalisée que d'après des précisions techniques fournies par Yves Rameaux, photographe amateur et petit-neveu d'Agathe Coutemoine. Bibliographie : *Guide Michel Auer, nos 1, 2, 3,* éd. de l'Amateur, Paris, 1981, et *Guide Michel Auer, no 1,* 2e éd. Caméra Obscura, Monceau-le-Comte, 58190 Tannay, 1981.

☐ *A gauche :* Chambre de voyage « Caquet », format 10×15 cm. Cet appareil ne comportait pas de viseur, mais un verre dépoli à l'arrière pour effectuer cadrage et mise au point, nécessitant l'emploi du « voile noir ». Usage du pied indispensable. Chambre de bois pliante en noyer verni, soufflet en cuir rouge. Entre 1890 et 1910.
☐ *A droite :* Folding stéréo pliant pour plaques en verre, format 6×13 cm. Soufflet en cuir rouge. 1910 environ.
(Photos Y. Rameaux).

BIBLIOGRAPHIE

Andelot, histoire de mon village, Jean Lamy. Imp. typographique doloise, Dole, 1982.

Le Château de Vers-en-Montagne, Georges Épailly. Étude présentée au Cercle de la Vouivre, Champagnole, 1945.

Dictionnaire géographique, historique et statistique des communes de la Franche-Comté. Département du Jura, tome VI, Rousset, 1858.

Églises jurassiennes romanes et gothiques, Pierre Lacroix, éd. Cêtre, Besançon, 1981.

Enquête sur le Jura depuis cent ans. Étude sur l'évolution économique et sociale d'un département français de 1850 à 1950, par la Société d'émulation du Jura. Imp. Maurice Declume, Lons-le-Saunier, 1953.

Franche-Comté, P. Gresser, C. Royer, C. Dondaine, A. Thierry, J.C. Wieber, J. Boichard, éd. Christine Bonneton, Le Puy-en-Velay, 1983.

Histoire de La Bique - La Bique en apprentissage - La Bique en voyage, Numa Magnin, lib. Armand Colin, 1922, 1925, 1929.

Jura, l'art et la nature de ses 543 communes, Michel de La Torre, éd. Nathan, 1985.

Les Mois en Franche-Comté, Croyances et Coutumes populaires, Charles Bauquier, Chevalier et Maisonneuve, 1900. Nouvelle édition Jean-Pierre Gyss, Barembach, coll. « Au Souffle du Terroir », 1984.

Les Montagnes de France, le Jura et le pays franc-comtois, G. Fraipont, éd. Henri Laurens, Paris, 1897.

Proverbes et Dictons de Franche-Comté, Robert Bichet, éd. Cêtre, Besançon, 1981.

La Vie comtoise au temps de l'Ancien Régime, tomes I et II, Michel Vernus, éd. Marque-Maillard, Lons-le-Saunier, 1983 et 1985.

Conception graphique:
C.V. Studio - Marthe Lauffray

Cet ouvrage a été achevé d'imprimer
le 30 avril 1987
sur les presses de l'imprimerie Weber SA, à Bienne.
Photogravure Jovis, à Cachan.
Composition 5 Off 7, à Paris.
Reliure Brun, à Malesherbes.

Imprimé en Suisse.

ISBN 2.85108.486.0
Dépôt légal 4577 - mai 1987
34/0647/7

SHAKESPEARE

Above: 'Miss Priscilla Horton as Ariel', an 1837 painting by Daniel Maclise R.A. (1806–1870).

SHAKESPEARE

His life and work in paintings, prints and ephemera

Geoffrey Ashton

In Co-operation with The Royal Shakespeare Company Collection

STUDIO EDITIONS
LONDON

Shakespeare

First published 1990 by Studio Editions Ltd.
Princess House, 50 Eastcastle Street
London W1N 7AP, England.

ISBN 1-8517-0438-8

Printed and bound in Czechoslovakia

Publishers Note: Every effort has been made to locate and credit copyright holders of material reproduced in this book, and they apologise for any omissions.

CONTENTS

INTRODUCTION

Shakespeare has completely dominated the English-speaking stage over the last four hundred years. His plays have been subject to more interpretations, and more variations, than those of any other hundred authors put together and are, therefore, the best way to investigate the development of British drama. For instance, the study of productions of 'King Lear' from the early seventeenth to the late twentieth centuries would be an ideal method of examining the changing attitude to tragedy over the years.

There are endless references to Shakespearian productions, descriptions and opinions, but there is always the need for some sort of visual reference to 'make sure'. Artists have produced pictures of Shakespeare's plays by the thousand, many based on their experiences of stage productions of others, based purely on a reading of the text. The theatrical illustrations are extremely useful for creating an image of an old production, but the line between fact and fantasy is thin, and pictures of David Garrick, for example, have to be matched carefully with descriptions of his performances.

This book is, in part, an introduction to this fascinating subject, and to some of the plays. The illustrations give an indication of what is available from the eighteenth century to the present day, with painters and photographers attempting to express the spirit of a production in a single frame. Many of these items are still available to collectors and, of course, the study of anything to do with Shakespeare has a dynamic future. Rowe produced the first illustrated edition of Shakespeare in 1709 and David Garrick initiated the Shakespeare industry with his Jubilee at Stratford-upon-Avon in 1769. The pictorial documentation of Shakespeare has been on the increase ever since.

Above right: 'Mrs Siddons as Lady MacBeth, Act I', by G. H. Harlow.

Right: Mr (later Sir) Johnstone Forbes-Robertson as Othello, 1902.

Left: 'Othello recounting his adventures to Desdemona', by Robert Alexander Hillingford (1828–1904).

Right: Shakespeare surrounded by characters from his plays.

LIFE AND TIMES

Clockwise from top left: 'Shakespeare before Sir Thomas Lucy on a charge of deer stealing', by Sir George Harvey (1806–1876); an engraving of Shakespeare standing among some of his dramatic creations, including Caliban and Bottom; the 'Chandos' portrait; the Bear Garden and Globe theatre in London; illustrations from The Oxford Edition (1743–45), edited by Sir Thomas Hamler, of scenes from 'Much Ado About Nothing' and 'The Tempest'; and (centre) Shakespeare reciting Hamlet to his family at Stratford.

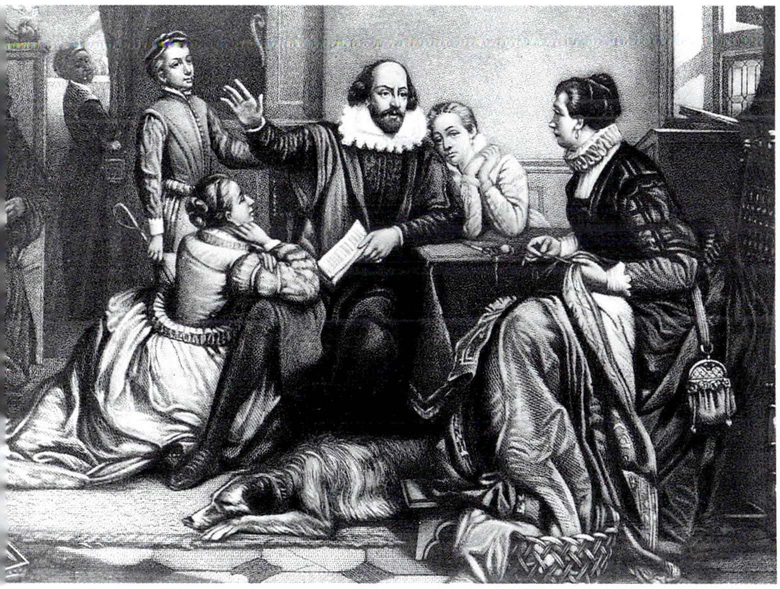

THE EARLY YEARS

A romantic tendency to wrap the life of Shakespeare in a dense cloak of mystery has long persisted. There is no need for this, however, as he is by far the best documented poet and playwright of his generation. He was the most admired writer in the country by the time he was thirty and the owner of the grandest house in Stratford three years later. Admiration brought published adulation, and wealth brought recorded litigation.

William Shakespeare was born in Stratford-upon-Avon on St George's Day, 23 April 1564, the son of John and Mary Shakespeare. John came from Snitterfield, where the Earl of Southampton, father of Shakespeare's patron, was Lord of the Manor. In 1552 John moved to a house in Henley Street, Stratford,

Above: A monument to Shakespeare affixed to the North Wall in Stratford Church.

Right: A portrait of William Shakespeare, attributed to John Taylor. It now hangs in the National Portrait Gallery in London.

where he traded as a glove maker and dealt in any available commodity, principally wool. Stratford received its Charter in 1553, and John Shakespeare rose rapidly in the Council hierarchy. His marriage in 1557 gave him a considerable step up the social scale. Mary Arden was the daughter of Robert Arden, a rich Catholic landowner who had died the previous year. Unfortunately, this grand Arden connection was to cause the Shakespeares a great deal of trouble when the head of the family, Edward Arden, the High Sheriff of Warwickshire, refused to wear the Earl of Leicester's livery for the Queen's visit to Kenilworth in 1575. A campaign of retribution included massive fines for John Shakespeare and execution for Edward Arden, who was beheaded on a false

charge in 1583. His head was stuck on London Bridge, where his cousin, William Shakespeare, would have seen it.

Shakespeare was lucky to survive birth, for in 1564 one-seventh of the population of Stratford died of the plague. It was a common enough event, but reflects the tough insecurity of rural life in late sixteenth-century England. Disease was rife, and the enclosure movement was beginning to sweep much of the population off the land and into the towns. There was a very strong feeling of political instability and cultural desperation, and the breath of Renaissance air so evident under Henry VIII did not return to England until the 1590s.

Shakespeare had a relatively comfortable childhood. His tutor at the Stratford Grammar School was Thomas Jenkins, a distinguished Catholic contemporary of Edmund Campion at St John's College, Oxford. Shakespeare would have had a thorough classical education, but, in common with all his Stratford contemporaries, he did not go on to University. He left school, probably at fifteen, to become an apprentice in his father's glove-making business. In 1582 Shakespeare got Anne Hathaway pregnant; they married in November and a daughter, Susanna, was born the following May. The twins, Hamnet and Judith, followed in 1585 (they bore the names of their godparents, Hamnet and Judith Sadler).

Moving Shakespeare from rural respectability to low-life London is a problem, but the most likely connection seems to be the visit to Stratford of The Queen's Men in 1587, when Shakespeare may have taken the place of an acting member of the company who had just been killed. What is probably Shakespeare's first play, *Titus Andronicus*, was not performed at Philip Henslowe's

Above: Shakespeare attended the free grammar school at Stratford: this woodcut shows the main school room at a later date.

Left: Shakespeare's birthplace in Stratford-upon-Avon, Warwickshire.

Below: Ann Hathaway's cottage. She married William Shakespeare in 1582, while pregnant with his child.

theatre, The Rose, until 1594, but there are documented performances there of *The Taming of the Shrew* on 23 February 1592 and one of the parts of *Henry VI* on 3 March 1592. Shakespeare was by this time famous enough as a poet and playwright to be mentioned in other plays: as the South Bank low-life dweller Shakebag in *Arden of Feversham* and Shake-scene in Robert Greene's *Greene's Groatsworth of Wit*. Later in 1592 the theatres were closed because of an outbreak of plague and remained shut until 1594.

Shakespeare's career was saved by the

young Earl of Southampton (nineteen years of age when the association began in 1591), and Shakespeare probably spent much of 1593 at Southampton's country houses at Tichfield and Carisbrooke, where he wrote *Love's Labours Lost.* Shakespeare dedicated his long poems *Venus & Adonis* and *The Rape of Lucrece* to Southampton, who, on a more personal note, inspired the majority of Shakespeare's Sonnets, the greatest of all love poems (these were circulated privately in the late 1590s but not published until 1609). Southampton inherited a fortune in 1594 and his practical response to this was to buy Shakespeare a share in the company of the Chamberlain's Men for £1,000. Shakespeare's career was also assisted by the timely deaths of his only possible rivals, Christopher Marlowe, murdered in 1593, and Thomas Kyd, who died the following year. The Chamberlain's Men played principally at James Burbage's The Theatre in Shoreditch, and the first performance of *Richard III* was probably given there in 1594. *A Midsummer Night's Dream* and *Romeo and Juliet* seem to have followed soon after, and Shakespeare moved his London home to nearby Bishopsgate in 1596. Shakespeare spent part of each year in Stratford and was presumably there for the funeral of his son Hamnet on 11 August 1596. Two months later he obtained a grant of arms for his father.

Francis Meres published his *Palladis Tamia: Wit's Treasury* in 1598 and therein described Shakespeare as the best contemporary writer of both comedy and tragedy. He also listed the plays: '. . . for comedy, witness his *Gentlemen of Verona*, his *Errors*, his *Love Labour's Lost*, his *Love Labour's Won*, his *Midsummer's Night Dream*, and his *Merchant of Venice*; for tragedy, his *Richard II*, *Richard III*, *Henry IV*, *King John*, *Titus Andronicus*, and his *Romeo and Juliet*.' *All's Well That Ends Well* may be a revision of *Love Labour's Won* or the play may simply be lost. Meanwhile, James Burbage had died in 1597 and his sons Richard and Cuthbert inherited his quarrel with the landlord of The Theatre, Giles Allen. On the night of 28 December 1598 they pulled down The Theatre and rebuilt it on the South Bank of the Thames as the Globe. Shakespeare seems to have become the principal shareholder, and his *Julius Caesar* was the first recorded play performed there. However, the Globe may have opened with *Henry V*; *As You Like It* appearing in 1600. *Hamlet* was registered in July 1602 and was quickly followed at the Globe by *Troilus & Cressida* and *All's Well*. *Twelfth Night* was given at the Middle Temple Hall in February 1602.

Shakespeare moved back to the South Bank in 1599 and, as an insurance against the potentially dangerous political situation, invested a great deal of money in property at Stratford. As it happened, when Queen Elizabeth died in 1603 and James safely inherited the throne, there was a huge surge in theatrical activity

Above: London shortly after Shakespeare's death, showing the location of the Swan (38) and the Globe (36).

Left: Richard Burbage (1567–1619), the leading tragedian of his day. He first performed the roles of Hamlet, King Lear, Othello, and Richard III. His father, James, owned The Theatre in Shoreditch. This engraving is from an original portrait in Dulwich College.

Right: Illustrations from one of the first folio editions. Near right is a scene from 'Romeo and Juliet', depicting a quarrel between the Montagues and the Capulets. The courtship of Bottom and Titania is shown on the far right.

in London. The Chamberlain's Men became the King's Men, and Shakespeare was appointed a Groom of the Chamber and issued with four-and-a-half yards of scarlet-red cloth for his livery. He attended the Spanish Ambassador in August 1604 and was by far the most popular playwright at court. In November and December 1604 there were royal performances of *Othello*, *The Merry Wives of Windsor*, *Measure for Measure*, and *The Comedy of Errors*. Early in 1605 the king saw *Love's Labours Lost*, *Henry V*, and *The Merchant of Venice*, but he had to wait until 1606 for *Macbeth*, the first play to be written for him by Shakespeare. *King Lear* was also first performed at court (at Whitehall on 26 December 1606), but the other late tragedies were probably written for public performance: *Anthony and Cleopatra* and *Timon of Athens* in 1607, *Pericles* and *Coriolanus* in 1608, and *Cymbeline* in 1610. The pastoral *The Winter's Tale* followed in 1611 (the first reference is to a performance at the Globe on 15 May 1611), and *The Tempest* was first performed at Whitehall on 1 November 1611. They were both staged as part of the festivities during the winter of 1612-13 to celebrate the engagement and marriage of the king's daughter to Frederick of the Palatinate, the future Winter King.

Shakespeare had lost his father in 1601. His younger brother Edmund, an actor, died in 1607, and his mother in 1608. Fortunately, in spite of these losses, Shakespeare remained submerged in his theatrical life. In 1608 the King's Men were able to use the covered Blackfriars theatre as well as the Globe when the Children of the Revels were disbanded. After lodging with a hatter called Mountjoy, Shakespeare bought property at Blackfriars for £140 on 16 March 1613. The Globe theatre burned down after a performance of *Henry VIII* on 29 June 1613, and although Shakespeare helped to pay for the rebuilding, he had sold his share in the theatre by the time he died in 1616.

Above: Escalus and Elbow meet in 'Measure for Measure', Act II, Scene 1.

Left: A later illustration (probably eighteenth-century) depicting a performance not in a theatre but at Court. Note the arms of Elizabeth I on the front of the stage.

Above right: Queen Elizabeth I (in the Royal Box) watching a performance of 'The Merry Wives of Windsor' at the Globe Theatre.

Below right: The end of 'The Merry Wives of Windsor'; Falstaff is wearing stag's horns at Herne's Oak, Windsor Park.

Below, far right: A scene from 'As You Like It', acted in an impromptu amphitheatre created in the yard of an Elizabethan London inn.

CONTEMPORARY PERFORMANCES

Shakespeare's life in the theatre began as an actor, but very little is known of the parts he played. There are contemporary references to him acting in Ben Jonson's *Every Man in his Humour* in 1598 and the same author's *Sejanus* in 1603, but the tradition of his taking part in his own plays (such as Adam in *As You Like It* or the Ghost in *Hamlet*), dates from the late seventeenth century. He probably devoted himself to writing as soon as he could and in any event did not play the principal roles, about whose actors a certain amount is known. Richard Burbage joined the Chamberlain's Men in 1594 and soon made his reputation as the greatest tragedian of his generation. Among others, he created the roles of Richard III, Hamlet, Othello, and King Lear. William Kempe was the principal comedian from 1588 to 1600, when his position was taken by William Sly. Kempe was certainly the first Dogberry and probably the first Falstaff. William Ostler was the greatest boy actor of the early seventeenth century and, after a very early career as a Child of the Queen's Chapel, joined the King's Men in 1604. He probably created the roles of Desdemona, Cleopatra, and possibly Lady Macbeth. Richard Robinson was the only boy to be included in the list of players at the front of the 1623 First Folio. The theatrical companies seem to have consisted of about twelve men and four boys, with the lesser players each taking several roles. Quite how this worked has long been a matter of scholarly conjecture, as has the actual appearance on stage of the productions, the mechanics of the play in performance, and the use of the author's text.

Above: Falstaff, one of Shakespeare's more larger-than-life creations, here illustrated in an early wood-cut, with his girth mightily extended.

The only contemporary illustration extant of a performance in the Elizabethan theatre is Henry Peacham's miserable little drawing of a scene from *Titus Andronicus* at the Rose theatre in about 1594, which is useful only for showing the sort of costume worn in such classical blood-and-guts dramas. Otherwise our knowledge is based on sensible interpretations of the texts and attempts to fit the action of each play into the setting drawn by De Witt in about 1596. De Witt shows a rehearsal taking place in The Swan, a theatre built in 1595 with a circular auditorium open to the weather and surrounded by two or three tiers of covered galleries. The stage is a massive raised thrust

Left: Henry Irving as Shylock, by Charles Bruchel in 1883. This performance was one of eight major Shakespearian productions to be presented under Irving's management of the Lyceum.

Above: Ellen Terry's Portia proved a charming and brilliant adversary to Irving's Shylock during the golden period of their dual stardom at the Lyceum between 1878–1902.

Right: Mr Macready as Shylock.

expected ships have sunk and that the debt to Shylock will have to be paid. Bassanio and Gratiano marry Portia and Nerissa and leave for Venice. Portia plans to follow them in male disguise. In court Shylock refuses to compromise and demands his flesh. Balthasar, Portia disguised as a Doctor of Law, agrees to let him carry out the agreement so long as he does not spill any Christian blood. This is not possible and Shylock is punished by having to give half his wealth to Antonio and convert to Christianity. Portia, unrecognized by Bassanio, demands her ring as payment and urged by Antonio he gives it to her. Nerissa does the same with Gratiano. Back at Belmont Lorenzo and Jessica ecstasize about their love before the two other couples return from Venice. Portia and Nerissa demand their rings, which Bassanio and Gratiano are unable to present. The truth is eventually revealed and all ends happily with somewhat philosophical true love and the return of Antonio's argosies.

The Merchant of Venice: Written in 1596-7 and registered on 22 July 1598. It was first published as 'The Comical History of the Merchant of Venice' in

1600, the First Quarto. A pirated edition appeared in 1619, dated 1600, but the First Folio text was taken from the First Quarto.

Imagine a rather stout man with a coarse yellow face and a nose generously fashioned in all three dimensions, a long double chin, and a mouth so carved by nature that the knife appears to have slit him right up to the ears. In the scene where he first misses his daughter, he comes on hatless, with disordered hair, some locks a finger long standing on end, as if raised by a breath of wind from the gallows, so distracted was his demeanour.

George Christoph Lichtenberg on Macklin's Shylock

Her manner of dealing with the delightful speeches of Portia, with all their play of irony, of wit and temper, savours, to put it harshly, of the schoolgirlish . . . Miss Terry's mistress of Belmont giggles too much, plays too much with her fingers, is too free and familiar, too osculatory, in her relations with Bassanio. The mistress of Belmont was a great lady, as well as a tender and clever woman; but this side of the part quite eludes the actress, whose deportment is not such as we should expect in the splendid spinster who has princes for wooers.

Henry James on Ellen Terry's Portia, 1881

In the readiness of her wit and the sunniness of her charm Shakespeare may almost be said to have discovered the American girl three hundred years before she discovered herself. For Rosalind, Viola, Juliet, Cordelia, Beatrice and Portia are more nearly like the typical American girl of today than like the girls or women of any other time or country. The Heroines of Shakespeare present the particular types of heart and soul ideals which have made first the Anglo-Saxons, then the English and lastly the American woman the embodiment of all that is good and true and wholesome.

G. W. Gerwig, *Shakespeare's Ideals of Womanhood*, 1929

[Michael Redgrave's] conception is highly intelligent — a major prophet with a German accent, a touch of asthma, and lightning playing round his head. But

Above: An 1856 engraving of Miss Laura Keene as Portia. Laura Keene (c.1830–1873) began her career in England before moving, via Australia, to the United States in 1855. In 1856 she founded the Olympic Theatre in New York on 18 November, thus becoming the first woman theatre manager in America. The first production was 'As You Like It', with Keene herself as Rosalind.

Right: Royal Staffordshire figures of Shakespearian characters, including Macready as Shylock.

Above right: Michael Redgrave and Peggy Ashcroft in an Angus McBean photograph of the Shakespeare Memorial Theatre's 1953 'Merchant'.

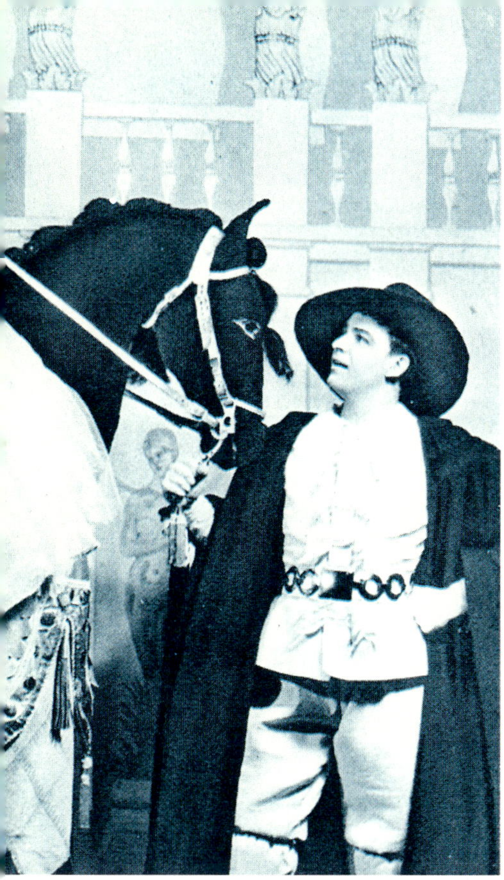

Above left, and above: Australian-born Oscar Asche (1871–1936) had a striking double success during the London run of the 'Shrew' at the Adelphi, which began its run on 29 November 1904: his Sly was truly monstrous, and his Petruchio undoubtedly dashing, if slightly portly. Asche's wife Lily Brayton starred perfectly opposite him as an extremely daunting shrew.

Above right: Leslie Banks and Edith Evans at the New Theatre, 1937.

before 1594, when an adaptation called *The Taming of a Shrew* was published. Shakespeare's text was first published in the First Folio, 1623.

To the King's house, and there saw *The Taming of a Shrew*, which hath some very good pieces in it, but generally is but a mean play; and the best part Sawny done by Lacy; and hath not half its life, by reason of the words, I suppose, not being understood, at least by me.

SAMUEL PEPYS, *Diary*, 9 April 1667 (he was watching John Lacy's *Sauny the Scot*, an adaptation of Shakespeare's play)

Daly's *Taming of the Shrew* [May, 1888] ... was transported bodily from its home in New York ... [the set for] the banquet wherein all warring elements were appeased; this set was one of the finest I have ever seen, and assuredly justified the managerial boast that it suggested a great picture by Paul Veronese. The costumes and the grouping were beautiful ... Daly never did anything to equal this supreme achievement. The rest of the scenes were not important, but the costumes were pleasing, and Miss Rehan's sumptuous. No one will forget the gorgeous mahogany-red brocade and the fiery wig in which she made her first tiger-like entry. 'Magnificent' is the only word to describe her appearance and her action.

G. C. D. ODELL, *Shakespeare from Betterton to Irving*, 1920

Two more of these abbreviations [of Shakespeare by David Garrick] were produced together at [Drury Lane] on the evening of 21 January 1756. One was *The Winter's Tale*, with an extraordinary cast, including Garrick as Leontes, Mrs Pritchard as Hermione, Mrs Cibber as Perdita, Holland as Florizel, Yates as Autolycus and Woodward as the Clown; the other was *Catherine and Petruchio*, derived from *The Taming of the Shrew*, with Woodward as Petruchio and Kitty Clive as Catherine. Though, from the point of view of fidelity to the original text, it may seem heretical to say so, I confess I should like to have attended that double bill. The acting, with such players, must have been incomparable.

G. C. D. ODELL, *Shakespeare from Betterton to Irving*, 1920

[In the autumn of 1904] Oscar Asche, in blustering good-management, with Otho Stuart, did *The Taming of the Shrew* at

Above: An 1858 engraving of Mr James E. Murdoch as Petruchio. Act I, Scene 2: "Tush, tush; fear boys with bugs."

Right: 'A Scene From The Taming Of The Shrew', by Wolfgang Boehm.

Above: A Meissen teapot picturing David Garrick as Richard, 1770.

Left: A Cruikshank caricature from 1814.

Right: David Garrick as Richard, by William Hogarth, 1745.

Below right: Ian Holm as Richard in the Royal Shakespeare Theatre production of 1963.

sent to the Tower by Richard. Richard and Buckingham test the loyalty of Lord Hastings to Richard's cause and when it is found wanting he is executed. Richard then attempts to cast public doubt on the legitimacy of the royal princes and of their father. Buckingham and the Lord Mayor of London are convinced by Richard's arguments and offer him the crown. Richard appears to refuse but then reluctantly accepts. Queen Elizabeth and Anne, now married to Richard, are refused access to the princes and Anne is summoned to Westminster to be crowned as Richard's queen. Richard hints to Buckingham that the princes are a threat to his security, but Buckingham does not react and Richard engages Tyrell to murder the boys. Richard then decides to marry Elizabeth, the sister of the murdered boys, and spreads rumours of his wife's illness. Queen Elizabeth is mocked by old Queen Margaret and agrees to let Richard marry her daughter. Buckingham is rejected by Richard after asking for a reward for his

Above: Two interpretations of Richard: left, a Royal Doulton piece representing Olivier in the role; and, right, a Derby figure of Garrick. Well-made pieces such as these are highly attractive and collectable ephemera.

Right: A highly stylized Tinsel picture, c.1820, showing Edmund Kean as Richard, with John Cooper as Richmond standing over him belligerently.

support and flees to the Earl of Richmond, the Lancastrian claimant to the throne. Lord Stanley goes off to fight the Lancastrians but Richard insists that he leave his son as an assurance of his loyalty. Stanley captures Buckingham, who is executed, but Richmond lands in Wales and advances to fight Richard. The opposing armies prepare to meet at Bosworth Field and during the night before the battle Richard is disturbed by the ghosts of his victims. Stanley leaves Richard before the battle, during which Richmond kills the king. Richmond is declared Henry VII and announces his marriage to Edward's daughter Elizabeth, finally uniting the red rose of Lancaster and the white rose of York.

Richard III: Probably written in 1592. The first, unauthorized, publication was in 1597, with five reprints before the 1623 First Folio.

On the 19th of October 1741, David Garrick acted Richard the Third for the first time, at the playhouse in Goodman's Fields. So many idle persons, under the title of gentlemen acting for their diversion, had exposed their incapacity at that theatre, and had so often disappointed the audiences, that no very large company was brought together to see the new performer. Mr Garrick's easy and familiar, yet forcible style in speaking and acting, at first threw the critics into some hesitation concerning the novelty as well as the propriety of his manner. They had been long accustomed to an elevation of the voice, with a sudden mechanical depression of its tones, calculated to excite admiration, and to intrap applause . . . After he had gone through a variety of scenes, in which he gave evident proofs of consummate art, and perfect knowledge of character, their doubts were turned into surprise and astonishment, from which they relieved themselves by loud and reiterated applause.
THOMAS DAVIES ON DAVID GARRICK'S LONDON DEBUT

JULIUS CAESAR

Caesar returns in triumph to Rome having defeated Pompey. Cassius and his brother-in-law Brutus discuss their worry at Caesar's power, Cassius angrily and Brutus doubtfully. Casca reports from the Capitol that Caesar has reluctantly accepted the crown of Rome, having refused it three times before having an attacking of the falling-sickness. Later, Cassius and Casca meet during a violent storm and plot against Caesar. Brutus muses on his friendship for Caesar and his fear of the effects of absolute power. He is interrupted by Cassius, Casca, and the other conspirators and agrees that Caesar must die. However, he refuses to swear to the resolution and disagrees with the proposal that Antony should be murdered with Caesar. Portia, the wife of Brutus, questions her

Above: Frank Benson as Brutus.

Brutus: **"Cassius,**
Be not deceiv'd. If I have veil'd my look,
I turn the trouble of my countenance
Merely upon myself. Vexed I am
Of late with passions of some difference,
Conceptions only proper to myself
Which give some soil, perhaps, to my behaviours."

husband about his worries but he tells her nothing. Calpurnia, the wife of Caesar, is disturbed by the turbulent night and tries to persuade her husband not to leave the house. Caesar shrugs off the warning. On the way to the Capitol he is accosted by a soothsayer who tells him to beware the ides of March, the fifteenth of the month and that very day. He ignores further warnings and proceeds to the Capitol where the conspirators crowd around and stab him to death, Brutus delivering the last blow. Antony agrees to come to terms with the conspirators but obtains Brutus's permission to speak at Caesar's funeral and vows vengeance when the conspirators have left. Brutus speaks at Caesar's funeral, explaining that Caesar died because of his ambition. Antony then points out

When the witches accost him, his only expression of 'metaphysical influence' is to stand still with his eyes fixed and his mouth open .... In Charles Kean's Macbeth all tragedy has vanished; sympathy is impossible, because the mind of the criminal is hidden from us. He makes Macbeth ignoble, with perhaps a tendency towards Methodism.

G. H. LEWES ON CHARLES KEAN'S MACBETH, IN *The Leader*, 1853

Players should be immortal, if their own wishes or ours could make them so; but they are not. They not only die like other people, but like other people they cease to be young, and are no longer themselves, even while living ... Mrs Siddons retired once from the stage: why should she return to it again? She cannot retire from it twice with dignity; and yet it is to be wished that she should do all things with dignity. Any loss of reputation to her is a loss to the world. Has she not had enough of glory?...

The enthusiasm she excited had something idolatrous about it... does she think we have forgot her? Or would she remind us of herself by showing us what she was not? If it was reasonable that Mrs Siddons should retire from the stage three years ago, certainly those reasons have not diminished ... [she] always spoke as slow as she ought: she now speaks slower than she did ... The

Top: Laurence Olivier and Vivien Leigh in the Shakespeare Memorial Theatre production at Stratford, 1959. The photograph is by Angus McBean.

Above: Mr Charles Kean has every right to look terrified by his wife's fearsome Lady Macbeth, at the Princess's Theatre, 1853.

Left: 'The Three Witches from Macbeth', by Alexander Marie Colin (1798–1875).

Above: Mrs Gyn and Mr Macready as Staffordshire figures. The tile dates from 1852.

Left: Sarah Siddons as Lady Macbeth, Covent Garden, 1812. The illustration is by George Henry Harlow.

Right: John Philip Kemble as Macbeth and Sarah Siddons as Lady Macbeth, in what must have been an electrifying production at Drury Lane in 1784. The painting is by Thomas Beach.

Below: Henry Irving as Macbeth at the Lyceum, 1875.

machinery of the voice is too ponderous for the power that wields it. There is too long a pause between each sentence, and between each word in each sentence.

William Hazlitt on Sarah Siddons' return from retirement, 1816

Ambition is the predominant vice of Macbeth's nature; but he gratifies it by hypocrisy, that reveres virtue too highly to be perfectly itself; and by murders, the recollection whereof at times renders his valour useless, by depriving him of all sense but that of his enormous wickedness.

John Philip Kemble in 'Macbeth, and King Richard the Third', 1817

To say that Mrs Siddons, in one word, is superior to Mrs Pritchard in Lady Macbeth, would be talking nonsense, because I don't think that it is possible . . . she wants the dignity, and above all the unequalled compassion and melody of Mrs Pritchard.

Doran, *Annals*

Fair, feminine, nay, perhaps, even fragile . . . captivating in female loveliness . . . a charm of such potency as to fascinate the mind of a hero so dauntless, a character so amiable, so honorable as Macbeth, to seduce him to brave all the dangers of the present and all the terrors of a future world.

Sarah Siddons' notes on Lady Macbeth, 1815

Her matted red hair, hanging in long tresses, and her ruddy cheeks mark her as a raw-boned daughter of the North, and she wears an appropriate dress of garish green stuff embroidered with gold. There is nothing of the martial or adventurous spirit in her composition to bring her into harmony with her barbarous surroundings. On the contrary, she is a woman of warm sympathies living in the tenderest relation with her husband.

The Times, 31 December 1889, on Ellen Terry's Lady Macbeth

Last Tuesday Sir Laurence shook hands with greatness, and within a week or so

the performance will have ripened into a masterpiece: not of the superficial, booming, have-a-bash kind, but the real thing, a structure of perfect forethought and proportion, lit by flashes of intuitive lightning. He begins in a perilously low key, the reason for which is soon revealed. This Macbeth is paralysed with guilt before the curtain rises, having already killed Duncan time and again in his mind. Far from recoiling and popping his eyes, he greets the air-drawn dagger with sad familiarity; it is a fixture in the crooked furniture of his brain. . . . Vivien Leigh's Lady Macbeth is more niminy-piminy than thundery-blundery, more viper than anaconda, but still quite competent in a small way.

KENNETH TYNAN ON THE 1955 STRATFORD PRODUCTION, IN *Curtains*, 1961

Her playing was quite mechanical. It is wonderful how little mind she had. Sir, she had never read the tragedy of *Macbeth* through. She no more thought of the play out of which her part was taken, than a shoemaker thinks of the skin out of which the piece of leather of which he is making a pair of shoes is cut.

DR SAMUEL JOHNSON ON MRS PRITCHARD'S LADY MACBETH

In my whole theatregoing life I have never seen a production as achingly beautiful as Yukio Ninagawa's *Macbeth*, now at the Lyttleton. In his hands, the play seems less an anatomy of evil than a lament for the waste and destructiveness of vaulting ambition. What makes the production so startlingly different from our own approach to Shakespearean tragedy . . . is its sheer lyricism. . . . Instead of simple moral condemnation the production offers a poetic meditation on the way all human striving is subject to the passage of time.

MICHAEL BILLINGTON, *The Guardian*, 19 SEPTEMBER 1987

Above: An illustration of the three witches from an early folio edition.

Right: David Garrick as Macbeth and Mrs Pritchard as Lady Macbeth at Drury Lane in 1762. The painting is by John Zoffany.

Below: 'Lady Macbeth seizing the daggers', by Henry Fuseli (1741–1825), which was first exhibited in 1812.

Above: Ellen Terry as Cordelia at the Lyceum, 1890.

Above right: John Gielgud as Lear, on tour in Austria with the Shakespeare Memorial Theatre, 1955.

Left: 'Mrs Cibber as Cordelia in Nahum Tate's version of King Lear', a painting by Pieter van Bloock, 1755. Tate's improvements to Shakespeare included cutting out the Fool and leaving Cordelia alive at the end to wed Edgar. It was performed instead of the original between 1681 and 1838.

he arrives and complains of Goneril to Regan. Goneril arrives and both sisters demand that Lear dismiss all his followers. Lear, completely distraught, rushes out into a cold stormy night with his Fool. He curses the world and all humanity and gradually loses his wits. Kent guides them out of the rain into a hovel where they meet Edgar, disguised as the scantily dressed Mad Tom. Gloucester appears and warns Kent that Lear's life is in danger, suggesting that he take the king to Dover. Edmund tells Cornwall that his father has helped Lear. Gloucester is arrested and has his eyes put out by Cornwall and Regan, although Cornwall is wounded by a servant during the episode. Gloucester is told that Edmund is responsible for his blinding and is then turned out onto the heath. He engages Edgar as his guide, to lead him to a cliff near Dover over which he intends to leap. Edgar persuades his father that he has taken the leap and survived, a miracle. Lear appears dressed fantastically and through their troubles the two old men recognize each other. Oswald appears to kill Gloucester on Regan's instructions but is killed by Edgar. Lear, apparently dying, is taken to the camp of the King of France, where he wakes and finds Cordelia at his side. Cornwall has died of his wounds and Regan has taken Edmund as her lover. Goneril also desires him and plans to kill Albany. Before Albany leads the British into battle, Edgar, still in disguise, gives him a letter from Goneril to Edmund found in Oswald's pocket. The British are successful and Cordelia and Lear are arrested. Edmund orders their execution, unknown to Albany. Edmund is arrested for treason by Albany. He offers a challenge to fight anyone calling him a traitor. Edgar appears in disguise and mortally wounds Edmund, who in remorse countermands the order to kill Lear. Goneril, who has poisoned Regan, kills herself. Lear enters bearing the body of Cordelia and after a vain attempt to revive her expires himself. Albany, Edgar, and Kent are left to heal the consequences of Lear's foolishness.

King Lear: Written in 1606 and performed at court on 26 December 1606. Registered on 26 November 1607 and published the following year. This version was reprinted in 1619 and the 1623 First Folio adds 300 lines and removes 100 lines from the 1608 text.

So devastating are the decorations that the Japanese sculptor, Isamu Noguchi, has imposed upon this production that John Gielgud's Lear is for some time neglected in favour of the Duke, who is wearing india rubber water-bottles round his waist; the Knight, with a gumboot on one leg and a hockey-pad on the other; and the men draped with sausages. There are also 'things' that descend from heaven, including a large black banana, and at least one hat straight out of *The Mikado.*

Alan Bendle on Gielgud's 1955 Lear, in the *Manchester Evening News*

He handicapped himself by wearing a beard and a mane so stupendous that his voice came to me as though he were talking through a tree.

Hubert Griffith on Olivier's Lear, *Sunday Graphic*, 1946

Now this very expedient of a love between Edgar and Cordelia on which [Nahum] Tate felicitates himself, seemed to me to be one of the capital objections to his alteration. For even supposing that it rendered Cordelia's indifference to her father more probable it assigns

Left: Mr Macready as King Lear, in an engraving from 1840, two years after he had restored the original text to the play for the first time in 150 years.

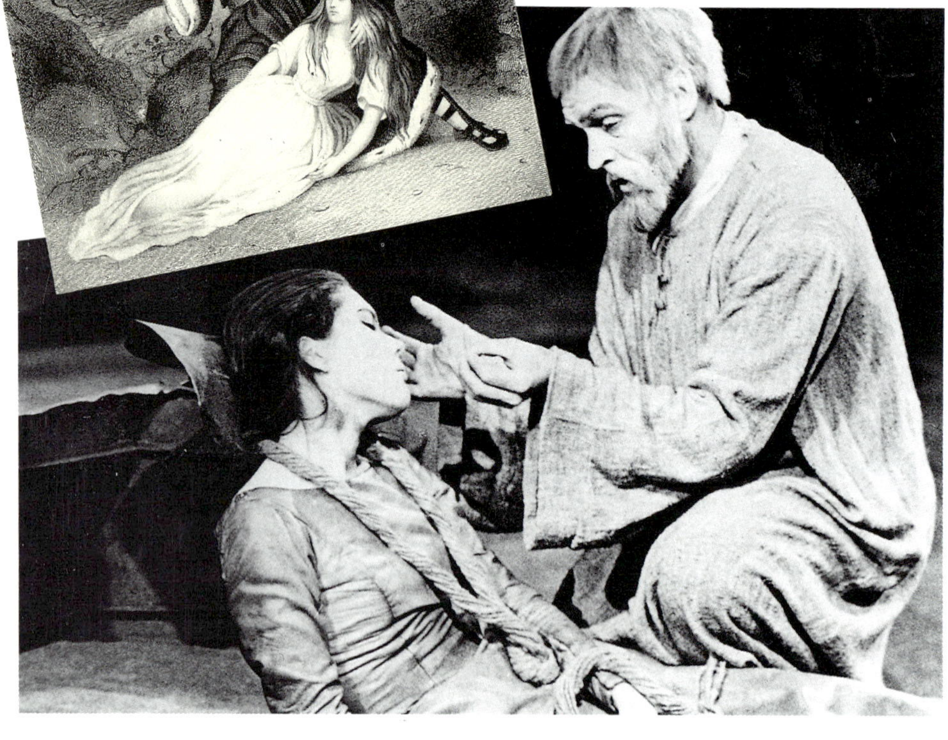

Above: Paul Scofield and Diana Rigg in the Royal Shakespeare Theatre production at Stratford in 1962.

Right: 'King Lear and Cordelia', by Edward Matthew Ward (1816–1879).

Kean knows the real thing, which is the height of the passion, manner following it as a matter of course, and grace being developed from it in proportion to the truth of the sensation.
LEIGH HUNT ON EDMUND KEAN AND JOHN PHILIP KEMBLE, 1831

Salvini's rendering of the part is the portrait of an African by an Italian.
HENRY JAMES ON SALVINI'S *Othello*

There is a kind of bad acting of which only a great actor is capable. I find Sir

Above: Mr Henderson as Iago, in a 1785 engraving. Act III, Scene 3: ". . . but such a hankerchief – I'm sure it was your wife's – did I see Cassio wipe his beard with . . ."

Right: Othello seems to have been played as a Moghul Prince rather than a Moor by Forbes-Robertson at Drury Lane in 1913. "She loved me for the dangers I had passed."

Laurence Olivier's Othello is the most prodigious and perverse example of this in a decade. . . . Sir Laurence is elaborately at ease, graceful and suave, more like a seducer than a cuckold. But as the jealousy is transfused into his blood, the white man shows through more obviously. He begins to double and treble his vowels, to stretch his consonants, to stagger and shake, even to vomit, near the frontiers of self-parody. His hips oscillate, his palms rotate, his voice skids and slides so that the Othello music takes on a Beatle beat.

Alan Brien on Olivier's Othello, 1964, in the *Sunday Telegraph*

Forbes-Robertson's Othello, in white turban, was a very gentle high-bred Moor, fruitful in pathos, with a shining vocal beauty; never a man to be roasted in sulphur and washed in steep-down gulfs of liquid fire.

J. C. Trewin on the 1900 production at the Lyric Theatre, in *Shakespeare on the English Stage 1900-1964*, 1964

We made a point of being present, for the last three evenings, to witness the performances of that singularly gifted actor, the African Roscius, who is the first performer of colour that ever appeared on the boards of any theatre in Britain. He had chosen the part of Othello for his first appearance—an undertaking which at present was most hazardous; but notwithstanding the impression which the inimitable Kean has created in this character, and the genius by which he has made it peculiarly his own, the result showed that the African Roscius was fully justified in making the bold attempt. . . . At the conclusion the African Roscius was called for by the unanimous acclamation of the whole house, who, upon his appearance, rose *en masse* to receive him, with bursts of applause, waving of hats, handkerchiefs &c.

The Theatrical Times, April 1848 (reproducing a newspaper cutting of 1833)

Right: 'Othello and Desdemona reunited in Cyprus', by Thomas Stothard, 1810. Act III, Scene 1: "It gives me wonder great as my content/To see you here before me. O my soul's joy!"

ACKNOWLEDGEMENTS AND PICTURE CREDITS

The publishers would like to thank the following for their kind co-operation and permission to reproduce photographs, paintings and prints from their collections:

The author, Geoffrey Ashton

The Raymond Mander and Joe Mitchenson Theatre Collection
The Mansion, Beckenham Place Park, Beckenham, Kent, England

The Shakespeare Birthplace Trust, The Shakespeare Centre, Stratford-upon-Avon, Warwickshire.

The Royal Shakespeare Company, Theatre Collection, Stratford-upon-Avon, Warwickshire

The Garrick Club, 15 Garrick Street, London WC2

E.T. Archives and Eileen Tweedy (Photographer)
London SW7

The Yale Center for British Art, New Haven, Connecticut

The Royal National Theatre, South Bank, London SE1

The National Portrait Gallery, 2 St Martins Place, London WC2

The Tate Gallery, Millbank, London SW1

Angus McBean, Photographer

John Hynes, Photographer

Reg Wilson Photography, 55 Beechwood Avenue, London N3

Chris Davies, Photographer, London N6

Clive Barda Photography, 50 Agate Road, London W6

Anness Law Photo Hire Ltd
The Old Forge, 7A Caledonian Road, London N1

Louisa Hare, Grange Cottage, Blackwell, Shipston on Stour, Warwickshire

The Hulton Picture Company, Unique House, 21–31 Woodfield Road, London W9

The Mary Evans Picture Library, 1 Tranquil Vale, Blackheath, London SE3

Photostage, 21 Wellington Street, London WC2

Point Tokyo Ltd, Tokyo, Japan

Special thanks also to: Mr and Mrs Sandor Korein who contributed items from their private collection, courtesy of Kurt Schon, Ltd, New Orleans, Louisiana, U.S.A.